SUSPENSÃO DE DESPEDIMENTO
E OUTROS
PROCEDIMENTOS CAUTELARES
NO PROCESSO DO TRABALHO

NOVO REGIME – Dec.-Lei n.º 295/2009, de 13 de Outubro

ANTÓNIO SANTOS ABRANTES GERALDES

JUIZ DESEMBARGADOR

SUSPENSÃO DE DESPEDIMENTO
E OUTROS
PROCEDIMENTOS CAUTELARES
NO PROCESSO DO TRABALHO

NOVO REGIME – Dec.-Lei n.º 295/2009, de 13 de Outubro

SUSPENSÃO DE DESPEDIMENTO
E OUTROS PROCEDIMENTOS CAUTELARES NO PROCESSO DO TRABALHO
NOVO REGIME – Dec.-Lei n.° 295/2009, de 13 de Outubro

AUTOR
ANTÓNIO SANTOS ABRANTES GERALDES

EDITOR
EDIÇÕES ALMEDINA, SA
Av. Fernão Magalhães, n.° 584, 5.° Andar
3000-174 Coimbra
Tel.: 239 851 904
Fax: 239 851 901
www.almedina.net
editora@almedina.net

PRÉ-IMPRESSÃO I IMPRESSÃO I ACABAMENTO
G.C. – GRÁFICA DE COIMBRA, LDA.
Palheira – Assafarge
3001-453 Coimbra
producao@graficadecoimbra.pt

Fevereiro, 2010

DEPÓSITO LEGAL
305823/10

Os dados e as opiniões inseridos na presente publicação
são da exclusiva responsabilidade do(s) seu(s) autor(es).

Toda a reprodução desta obra, por fotocópia ou outro qualquer
processo, sem prévia autorização escrita do Editor, é ilícita
e passível de procedimento judicial contra o infractor.

Biblioteca Nacional de Portugal – Catalogação na Publicação

GERALDES, António Santos Abrantes

Suspensão de despedimento e outros procedimentos
cautelares no processo do trabalho
ISBN 978-972-40-4125-4

CDU   349
        337
        331

I – Em livro (ed. Livraria Almedina)

– *Temas da Reforma do Processo Civil*, I vol., 1.ª e 2.ª ed., reimpressão
1 – Princípios Fundamentais
2 – Fase Inicial do Processo Declarativo

– *Temas da Reforma do Processo Civil*, II vol., 1.ª, 2.ª, 3.ª e 4.ª ed.
3 – Audiência Preliminar, Saneamento e Condensação
4 – Registo da Prova e Decisão da Matéria de Facto

– *Temas da Reforma do Processo Civil*, III vol., 1.ª, 2.ª, 3.ª e 4.ª ed.
5 – Procedimento Cautelar Comum

– *Temas da Reforma do Processo Civil*, IV vol., 1.ª, 2.ª e 3.ª ed.
6 – Procedimentos Cautelares Especificados

– *Recursos em Processo Civil* – Novo Regime, 1.ª e 2.ª ed.

– *Temas Judiciários*
1 – Citações e Notificações em Processo Civil
2 – Custas Judiciais e Multas Cíveis

– *Temas da Responsabilidade Civil*, I vol.
1 – Indemnização do Dano da Privação do Uso, 1.ª, 2.ª e 3.ª ed.

– *Temas da Responsabilidade Civil*, II vol.
2 – Indemnização dos Danos Reflexos, 1.ª e 2.ª ed.

– *Acidentes de Viação*, na Colecção *"Direitos e Deveres dos Cidadãos"*

II – Publicações avulsas:

- Registo da prova, *Sub Judice*, n.º 8, 1995
- Reforma do processo civil e o foro laboral, *Prontuário de Direito do Trabalho*, ed. do CEJ, n.º 48, 1998
- Documentação e registo da prova em processo laboral, *Prontuário do Direito do Trabalho*, ed. do CEJ, n.º 49, 1998
- Reforma do processo civil e o foro laboral – processo executivo, *Prontuário de Direito do Trabalho*, ed. do CEJ, n.º 50, 1998
- Reforma do processo civil e o foro laboral – procedimentos cautelares, *Prontuário de Direito do Trabalho*, ed. do CEJ, n.º 51, 1998
- A recuperação de empresas, a falência e o direito do trabalho, *Prontuário de Direito do Trabalho*, ed. do CEJ, n.ºs 52 e 53, 1998;
- Valor da jurisprudência cível, *Colectânea de Jurisprudência do Supremo Tribunal de Justiça*, tomo II, 1999
- Exequibilidade da sentença condenatória quanto aos juros de mora, *Colectânea de Jurisprudência do Supremo Tribunal de Justiça*, tomo I, 2001
- Títulos executivos, *Themis*, ed. da FDUNL, ano IV, n.º 7, 2003
- Ressarcibilidade dos danos não patrimoniais de terceiros em caso de lesão corporal, *Estudos em Homenagem ao Professor Doutor Inocêncio Galvão Teles*, vol. IV, 2003
- Execução específica de contrato-promessa de compra e venda celebrado apenas por um dos cônjuges, *Lex Familiae*, ed. do Centro de Direito de Família da FDUC, n.º 1, 2004
- O juiz e a execução, *Themis*, ed. da FDUNL, ano V, n.º 9, 2004
- Processo civil experimental, *Novas Exigências do Processo Civil*, ed. da Associação Jurídica do Porto, 2006
- Reforma do regime de recurso cíveis, *Julgar*, ed. da ASJP, n.º 4, 2008
- A reforma dos recursos introduzida pelo Dec.-Lei n.º 303/07 e os seus reflexos no Código de Processo do Trabalho, *Prontuário do Direito do Trabalho*, ed. do CEJ, n.ºs 74 e 75, 2008
- Recursos sobre a matéria de facto em processo civil, *Reforma dos Recursos em Processo Civil – Trabalhos Preparatórios*, ed. do Min. da Justiça, 2008

NOTA PRÉVIA

Apesar do percurso profissional quase exclusivamente ligado à jurisdição cível, venho acompanhando as reformas introduzidas no processo do trabalho, designadamente no que concerne à matéria dos procedimentos cautelares e dos recursos.

Em relação à interferência da reforma do processo civil de 1997 no foro laboral, elaborei diversos trabalhos que foram publicados no *Prontuário do Direito do Trabalho*, do CEJ, incluindo, no n.° 51, "*A reforma do processo civil e o foro laboral: os procedimentos cautelares*".

Já no âmbito do novo Código do Processo do Trabalho, inseri a análise sumária de todo o articulado relativo aos procedimentos cautelares em *Temas da Reforma do Processo Civil*", vol. IV (*Procedimentos Cautelares Especificados*).

No entanto, apesar do parentesco com o processo civil, no foro laboral ganha especial relevo o procedimento cautelar de *Suspensão de Despedimento*, cujo regime, recentemente alterado pelo Dec.-Lei n.° 295/09, de 13 de Outubro, praticamente dispensa o recurso ao Código de Processo Civil.

Por isso, optei por autonomizar o tratamento das medidas cautelares instrumentais dos direitos emergentes da legislação laboral, dispensando desenvolvimentos que apenas se reconduzissem à sobreposição do que já se encontra tratado em *Temas da Reforma do Processo Civil*, vol. III (*Procedimento Cautelar Comum*), na sua 4.ª edição actualizada, e em *Temas da Reforma do Processo Civil*, IV vol. (*Procedimentos Cautelares Especificados*), 3.ª ed.

Lisboa, Janeiro de 2010

António Santos Abrantes Geraldes

SUMÁRIO:

I – Suspensão de despedimento
Art. 34.° – *Requerimento*
Art. 35.° – *Meios de prova*
Art. 36.° – *Audiência final*
Art. 37.° – *Falta de comparência das partes*
Art. 38.° – *Falta de apresentação do processo disciplinar*
Art. 39.° – *Decisão final*
Art. 40.° – *Recurso*
Art. 40.°-A – *Caducidade da providência*
Jurisprudência temática

II – Protecção da segurança, higiene e saúde no trabalho
Art. 44.° – *Âmbito e legitimidade*
Art. 45.° – *Exame*
Art. 46.° – *Deferimento das providências*

III – Procedimento cautelar comum
Art. 32.° – *Procedimento*
Art. 33.° – *Aplicação subsidiária*
Jurisprudência temática

IV – Procedimentos cautelares especificados
Art. 47.° – *Regime especial*
– Arresto
– Arrolamento
– Arbitramento de reparação provisória
Jurisprudência temática

Formulários

Portaria n.° 1460-C/2009, de 31 de Dezembro

I
SUSPENSÃO DE DESPEDIMENTO

ART. 34.º
(Requerimento)

1 – Apresentado o requerimento inicial no prazo previsto no art. 386.º do Código do Trabalho, o juiz ordena a citação do requerido para se opor, querendo, e designa no mesmo acto data para a audiência final, que deve realizar-se no prazo de 15 dias.

2 – Se for invocado despedimento precedido de procedimento disciplinar, o juiz, no despacho referido no número anterior, ordena a notificação do requerido para, no prazo da oposição, juntar o procedimento, que é apensado aos autos.

3 – Nos casos de despedimento colectivo, por extinção do posto de trabalho e por inadaptação, o juiz notifica o requerido para, no prazo da oposição, juntar aos autos os documentos comprovativos do cumprimento das formalidades exigidas.

4 – A impugnação judicial da regularidade e licitude do despedimento, deve ser requerida no requerimento inicial, caso não tenha ainda sido apresentado o formulário referido no art. 98.º-C, sob pena de extinção do procedimento cautelar.

---

1. Introdução
1.1. A regulamentação do procedimento cautelar de suspensão de despedimento prevista nos arts. 34.º a 40.º-A do CPT, na redacção do Dec.--Lei n.º 295/09, de 13 de Outubro, vem dar resposta ao direito potestativo

de impugnação reconhecido ao trabalhador despedido pelo art. 386.° do novo Código do Trabalho.[1]

A consagração constitucional do direito ao trabalho (arts. 53.° e 58.° da CRP) implica especial atenção aos despedimentos por iniciativa do empregador, assegurando ao trabalhador o acesso a meios de defesa que contrariem os efeitos negativos emergentes de actuações ilícitas. A providência cautelar de suspensão do despedimento constitui um instrumento essencial para assegurar as condições normais de subsistência do trabalhador perante situações de despedimento ilícito, preservando, ainda que provisoriamente, os efeitos da relação laboral.

A sentença de mérito que, na acção declarativa, reconheça a ilicitude do despedimento implicará, em regra, a reconstituição da situação anterior, mediante a reintegração do trabalhador no seu posto de trabalho e o pagamento das retribuições devidas, nos termos dos arts. 389.° e segs. do Cód. do Trabalho. É a *antecipação* destes efeitos que se consegue através da suspensão do despedimento, readquirindo o trabalhador a plenitude dos seus direitos e obrigações, antes mesmo de o tribunal afirmar, com o grau de segurança e de certeza exigíveis, a ilicitude do despedimento.

1.2. Na actual regulamentação foi unificado o tratamento da suspensão do *despedimento individual* e do *despedimento colectivo*, embora cada uma das situações esteja sujeita a requisitos diversos que se transmitem necessariamente para o procedimento cautelar, quer na vertente da alegação da matéria de facto, quer na vertente da fundamentação da decisão final.

Com o novo regime foi ainda clarificada a idoneidade do procedimento cautelar de suspensão de despedimento para enfrentar também situações de despedimento por *extinção do posto de trabalho* e por *inadaptação* (arts. 34.° e 39.° do CPT).

---

[1] Nos termos do art. 6.° do Dec.-Lei n.° 295/09, de 13 de Outubro, o novo regime procedimental apenas é aplicável às acções instauradas a partir de 1 de Janeiro de 2010. Foi nesta data que entraram em vigor alguns dos preceitos do Cód. do Trabalho de 2009 conexos com a suspensão de despedimento, designadamente o art. 387.° que prevê a apresentação do requerimento de impugnação em formulário próprio.

Quando, ao abrigo da lei anterior, se defendesse que a sustação de tais situações de despedimento deveria submeter-se ao procedimento cautelar comum (laboral), o erro na forma de procedimento poderia ser oficiosamente corrigido, nos termos do art. 199.º do CPC. Porém, o teor do requerimento inicial apresentado no âmbito do procedimento cautelar específico de suspensão de despedimento nem sempre se ajustaria às exigências materiais do procedimento cautelar comum, sujeito, além do mais, à alegação (e prova) de factos reveladores do *"periculum in mora"* genérico previsto nos arts. 381.º, n.º 1, e 387.º, n.º 1, do CPC (justo receio de lesão grave e dificilmente reparável do direito do trabalhador), requisito que é dispensado na suspensão de despedimento tipificado.[2]

Assim, a sanação do erro na forma de procedimento não satisfazia plenamente as exigências, sendo de louvar a opção do legislador em deixar clara doravante a idoneidade do procedimento de suspensão para enfrentar qualquer tipo de despedimento.

1.3. As *diferenças* em relação ao regime anterior são, no essencial, as seguintes:

a) Unificação do regime procedimental da suspensão do despedimento individual e do despedimento colectivo;

b) Expressa previsão da aplicabilidade do procedimento cautelar de suspensão aos casos de despedimento por extinção do posto de trabalho e por inadaptação (art. 34.º, n.º 3, do CPT);

c) Admissibilidade de todo o género de provas independentemente da modalidade de despedimento ou da sua motivação, e não apenas nos casos de despedimento não precedido de processo disciplinar;

d) Limitação a três do número de testemunhas por cada parte;

e) Distinção, ao nível do conteúdo do requerimento inicial, dos casos em que a suspensão se reporta a despedimento individual comunicado por escrito (cuja impugnação siga a forma de processo especial dos arts.

---

[2] Nos Acs. da Rel. de Lisboa, de 10-10-07 e de 16-5-07, *www.dgsi.pt*, defendia-se a aplicação a estas situações do procedimento cautelar de suspensão de despedimento colectivo, não se suscitando problemas de ajustamento da forma de procedimento, atenta a similitude dos requisitos que deveriam estar assegurados no requerimento inicial.

98.º-B e segs. do CPT) em relação aos demais casos, ou seja, aos casos de despedimento individual não comunicado por escrito ou de despedimento colectivo;

f) Admissibilidade de as partes se fazerem representar na audiência final em casos de justificada impossibilidade de comparência.

2. Modalidades e motivos de despedimento

2.1. Os motivos que podem levar o empregador a decretar o despedimento do trabalhador são de diversa natureza e, por isso, submetidos a condições também diferentes.

2.2. No que respeita ao despedimento individual, os principais motivos ligam-se a *factos imputáveis ao trabalhador* que constituam justa causa. Nesta modalidade, o despedimento deve ser o corolário de um processo disciplinar no âmbito do qual se apure algum ou alguns dos fundamentos legalmente previstos e se garanta o exercício do direito de defesa.[3]

Para o efeito, importa sobremaneira a delimitação das situações de *justa causa* em resultado da respectiva noção e das especificações que constam do art. 351.º do Cód. do Trabalho, com a seguinte redacção:

Art. 351.º
Justa causa de despedimento

1. Constitui justa causa de despedimento o comportamento culposo do trabalhador que, pela sua gravidade ou consequências, torne imediata e praticamente impossível a subsistência da relação de trabalho.

2. Constituem, nomeadamente, justa causa de despedimento os seguintes comportamentos do trabalhador:

a) Desobediência ilegítima às ordens dadas por responsáveis hierarquicamente superiores;

b) Violação de direitos e garantias de trabalhadores da empresa;

c) Provocação repetida de conflitos com trabalhadores da empresa;

d) Desinteresse repetido pelo cumprimento, com diligência devida, de obrigações inerentes ao exercício do cargo ou posto de trabalho a que está afecto;

---

[3] Sobre o procedimento disciplinar cfr. Susana Silveira, no trabalho intitulado *Da Cessação do Contrato de Trabalho por facto imputável ao trabalhador no regime introduzido pela Lei n.º 7/09, de 12 de Fevereiro*, na revista *Julgar*, n.º 8, da ASJP, págs. 85 e segs.

Suspensão de despedimento 15

e) Lesão de interesses patrimoniais sérios da empresa;

f) Falsas declarações relativas a justificação de faltas;

g) Faltas não justificadas ao trabalho que determinem directamente prejuízos ou riscos graves para a empresa, ou cujo número atinja, em cada ano civil, cinco seguidas ou dez interpoladas, independentemente de prejuízo ou risco;

h) Falta culposa de observância de regras de segurança e saúde no trabalho;

i) Prática, no âmbito da empresa, de violências físicas, injúrias ou outras ofensas punidas por lei sobre trabalhador da empresa, elemento dos corpos sociais ou empregador individual não pertencente a estes, seus delegados ou representantes;

j) Sequestro ou em geral crime contra a liberdade das pessoas referidas na alínea anterior;

l) Incumprimento ou oposição ao cumprimento de decisão judicial ou administrativa;

m) Reduções anormais de produtividade.

3. Na apreciação da justa causa, deve atender-se, no quadro de gestão da empresa, ao grau de lesão dos interesses do empregador, ao carácter das relações entre as partes ou entre o trabalhador e os seus companheiros e às demais circunstâncias que no caso sejam relevantes.

Tal situação deve ser averiguada no âmbito de um *processo disciplinar*, que deve ser instaurado e tramitado nos prazos previstos no art. 329.° do Cód. do Trabalho e de acordo com as formalidades previstas na lei, sendo de destacar o seguinte:

ART. 353.°

Nota de culpa

1. No caso em que se verifique algum comportamento susceptível de constituir justa causa de despedimento, o empregador comunica, por escrito, ao trabalhador que o tenha praticado a intenção de proceder ao seu despedimento, juntando nota de culpa com descrição circunstanciada dos factos que lhe são imputados.

2. Na mesma data, o empregador remete cópias da comunicação e da nota de culpa à comissão de trabalhadores e, caso o trabalhador seja representante sindical, à associação sindical respectiva. (*quando se trata de microempresa, cfr. o art. 358.°*)

3. A notificação da nota de culpa ao trabalhador interrompe a contagem dos prazos estabelecidos nos n.os 1 ou 2 do art. 329.°.

4. ...

Art. 356.°
Instrução

1. Cabe ao empregador decidir a realização das diligências probatórias requeridas na resposta à nota de culpa.

2. Se o despedimento respeitar a trabalhadora grávida, puérpera ou lactante ou a trabalhador no gozo de licença parental, o empregador, por si ou através de instrutor que tenha nomeado, deve realizar as diligências probatórias requeridas na resposta à nota de culpa, a menos que as considere patentemente dilatórias ou impertinentes, devendo neste caso alegá-lo fundamentadamente por escrito.

3. Quando haja lugar à instrução requerida pelo trabalhador, o empregador não é obrigado a proceder à audição de mais de três testemunhas por cada facto descrito na nota de culpa, nem mais de 10 no total.

4. O trabalhador deve assegurar a comparência das testemunhas a indicar.

5. Após a recepção da resposta à nota de culpa ou a conclusão das diligências probatórias, o empregador apresenta cópia integral do processo à comissão de trabalhadores e, caso o trabalhador seja representante sindical, à associação sindical respectiva, que pode, no prazo de cinco dias úteis, fazer juntar ao processo o seu parecer fundamentado. (*quando se trate de microempresa, cfr. o art. 358.°*)

6. Para efeito do número anterior, o trabalhador pode comunicar ao empregador, nos três dias úteis posteriores à recepção da nota de culpa, que o parecer sobre o processo é emitido por determinada associação sindical, não havendo neste caso lugar à apresentação de cópia do processo à comissão de trabalhadores.

7. ...

Art. 357.°
Decisão de despedimento por facto imputável
ao trabalhador

1. Recebidos os pareceres referidos no n.° 5 do artigo anterior ou decorrido o prazo para o efeito, o empregador dispõe de 30 dias para proferir a decisão de despedimento, sob pena de caducidade do direito de aplicar a sanção. (*quando se trate de microempresa, cfr. o art. 358.°*)

2. Quando não exista comissão de trabalhadores e o trabalhador não seja representante sindical, o prazo referido no número anterior conta-se a partir da data da última diligência de instrução. (*quando se trate de microempresa, cfr. o art. 358.°*)

3. Se o empregador optar por não realizar as diligências probatórias requeridas pelo trabalhador, a decisão só pode ser tomada depois de decorridos cinco dias úteis após a recepção dos pareceres dos representantes dos trabalhadores, ou o decurso do prazo para o efeito ou, caso não exista comissão de trabalhadores e o trabalhador não seja representante sindical, após a recepção da resposta à nota

Suspensão de despedimento 17

de culpa ou o decurso do prazo para este efeito. (*quando se trate de microempresa, cfr. o art. 358.°*)

4. Na decisão são ponderadas as circunstâncias do caso, nomeadamente as referidas no n.° 3 do art. 351.°, a adequação do despedimento à culpabilidade do trabalhador e os pareceres dos representantes dos trabalhadores, não podendo ser invocados factos não constantes da nota de culpa ou da resposta do trabalhador, salvo se atenuarem a responsabilidade.

5. A decisão deve ser fundamentada e constar de documento escrito.

6. A decisão é comunicada, por cópia ou transcrição, ao trabalhador, à comissão de trabalhadores, ou à associação sindical respectiva, caso aquele seja representante sindical ou na situação a que se refere o n.° 6 do artigo anterior. (*quando se trate de microempresa, cfr. o art. 358.°*)

7. A decisão determina a cessação do contrato logo que chega ao poder do trabalhador ou é dele conhecida ou, ainda, quando só por culpa do trabalhador não foi por ele oportunamente recebida.

8. ...

Tratando-se de *microempresa* (isto é, empresa com menos de 10 trabalhadores, nos termos do art. 100.°, n.° 1, al. a), do Cód. do Trabalho), deve observar-se especialmente o disposto no art. 358.° do mesmo diploma, com a seguinte redacção.

ART. 358.°
Procedimento em caso de microempresa

1. No procedimento de despedimento em microempresa, caso o trabalhador não seja membro de comissão de trabalhadores ou representante sindical, são dispensadas as formalidades previstas no n.° 2 do art. 353.°, no n.° 5 do art. 356.° e nos n.os 1, 2, 3 e 6 do artigo anterior, sendo aplicável o disposto nos números seguintes.

2. Na ponderação e fundamentação da decisão, é aplicável o disposto no n.° 4 do artigo anterior, com excepção da referência a pareceres de representantes dos trabalhadores.

3. O empregador pode proferir a decisão dentro dos seguintes prazos:

a) Se o trabalhador não responder à nota de culpa, 30 dias a contar do termo do prazo para a resposta à mesma;

b) Caso realize as diligências probatórias requeridas pelo trabalhador, 30 dias a contar da conclusão da última diligência;

c) Caso opte por não realizar as diligências probatórias requeridas pelo trabalhador, decorridos cinco dias úteis após a recepção da resposta à nota de culpa, e até 30 dias após esta data.

4. Se o empregador não proferir a decisão até ao termo do prazo referido em qualquer das alíneas do número anterior, o direito de aplicar a sanção caduca.

5. A decisão é comunicada, por cópia ou transcrição, ao trabalhador.

6. ...

Para os casos de despedimento por *extinção do posto de trabalho*, deve ser considerado especialmente o que consta dos arts. 367.º a 372.º do Cód. do Trabalho.

Quanto ao despedimento por *inadaptação*, destacam-se os arts. 373.º a 380.º do Cód. do Trabalho.

Já quanto ao *despedimento colectivo*, relevam em especial os arts. 359.º a 366.º do Cód. do Trabalho.[4]

3. Fundamentos da ilicitude do despedimento

3.1. Em sede da suspensão de despedimento por qualquer dos motivos anteriormente referidos, importa ter presentes os condicionalismos que legitimam essa forma de extinção do contrato de trabalho por iniciativa do empregador, tal como relevam as normas respeitantes às formalidades que devem ser observadas e cujo incumprimento determina a ilicitude do acto.

O exercício do direito potestativo de suspensão do despedimento individual depende da verificação do requisito essencial previsto no art. 39.º, n.º 1, do CPT: a *probabilidade séria* quanto à *ilicitude* do despedimento, decomposta, segundo as circunstâncias, na inverificação das suas condições materiais ou no incumprimento de formalidades, o que mais singelamente se pode traduzir, na generalidade dos casos, na inexistência do fundamento concretamente invocado ou na falta de instauração ou nulidade do processo disciplinar.

3.2. Independentemente dos tipos ou causas de despedimento, este será *ilícito* sempre que se verifique alguma das situações previstas no art. 381.º do Cód. do Trabalho:

– Motivação política, ideológica, étnica ou religiosa;

– Inverificação do motivo justificativo invocado pelo empregador;

– Falta do respectivo procedimento;

---

[4] Cfr. CHAMBEL MOURISCO, *A Suspensão do despedimento colectivo comunicações, informações e negociações*, no *Prontuário do Direito do Trabalho*, n.ºs 79.º, 80.º e 81.º, págs. 303 e segs.

Suspensão de despedimento

– Falta do parecer obrigatório (da C.I.T.E.) quando se trate de trabalhadora grávida, puérpera ou lactante ou de trabalhador em licença parental (art. 63.º do Cód. do Trabalho).[5]

3.3. A *ilicitude* (falta de pressupostos materiais ou invalidade formal) é depois concretizada em relação a cada modalidade de despedimento nos arts. 382.º e segs. do Cód. do Trabalho, nos seguintes termos:

ART. 382.º
Ilicitude de despedimento por facto imputável ao trabalhador

1. O despedimento por facto imputável ao trabalhador é ainda ilícito se tiverem decorrido os prazos estabelecidos nos n.os 1 e 2 do art. 329.º ou se o respectivo procedimento for inválido.
2. O procedimento é inválido se:
a) Faltar a nota de culpa ou se esta não for escrita ou ao contiver a descrição circunstanciada dos factos imputados ao trabalhador;
b) Faltar a comunicação da intenção de despedimento junta à nota de culpa;
c) Não tiver sido respeitado o direito do trabalhador a consultar o processo ou a responder à nota de culpa ou, ainda, o prazo para a resposta à nota de culpa;
d) A comunicação ao trabalhador da decisão de despedimento e dos seus fundamentos não for feita por escrito, ou não esteja elaborada nos termos do n.º 4 do art. 357.º ou do n.º 2 do art. 358.º.

ART. 384.º
Ilicitude do despedimento por extinção do posto de trabalho

O despedimento por extinção de posto de trabalho é ainda ilícito se o empregador:
a) Não cumprir os requisitos do n.º 1 do art. 368.º;
b) Não respeitar os critérios de concretização de postos de trabalho a extinguir referidos no n.º 2 do art. 368.º;
c) Não tiver feito as comunicações previstas no art. 369.º;
d) Não tiver colocado à disposição do trabalhador despedido, até ao termo do prazo de aviso prévio, a compensação a que se refere o art. 366.º por remissão do art. 372.º e os créditos vencidos e exigíveis em virtude da cessação do contrato de trabalho.

---

[5] Nos termos do n.º 7, "*a suspensão judicial do despedimento só não é decretada se o parecer for favorável ao despedimento e o tribunal considerar que existe probabilidade séria de existência de justa causa*".

Art. 385.º
Ilicitude do despedimento por inadaptação

O despedimento por inadaptação é ainda ilícito se o empregador:

a) Não cumprir os requisitos do n.º 1 do art. 375.º;

b) Não tiver feito as comunicações previstas no art. 376.º;

c) Não tiver posto à disposição do trabalhador despedido, até ao termo do prazo de aviso prévio, a compensação a que se refere o art. 366.º por remissão do art. 379.º e os créditos vencidos ou exigíveis em virtude da cessação do contrato de trabalho.

Art. 383.º
Ilicitude de despedimento colectivo

O despedimento colectivo é ainda ilícito se o empregador:

a) Não tiver feito a comunicação prevista nos n.ºs 1 ou 4 do art. 360.º ou promovido a negociação prevista no n.º 1 do art. 361.º;

b) Não tiver observado o prazo para decidir o despedimento, referido no n.º 1 do art. 363.º;

c) Não tiver posto à disposição do trabalhador despedido, até ao termo do prazo do aviso prévio, a compensação a que se refere o art. 366.º e os créditos vencidos e exigíveis em virtude da cessação do contrato de trabalho, sem prejuízo da parte final do n.º 4 do art. 363.º.

3.4. A partir do CPT de 1999 deixaram de existir motivos para questionar a admissibilidade do procedimento cautelar de suspensão relativamente a despedimentos não precedidos de processo disciplinar ou outro procedimento específico para a extinção do contrato de trabalho por iniciativa do empregador, naquilo a que poderemos chamar de *despedimento objectivo* ou despedimento de facto.[6]

Importante é que à pretensão cautelar esteja subjacente a alegação da existência de um *contrato de trabalho* tal como o define o art. 11.º do Cód. do Trabalho, ainda que com uso das presunções constantes do seu art. 12.º,[7]

---

[6] Os que defendiam a recusa do procedimento cautelar específico de suspensão de despedimento para tais situações fundavam-se no facto de o CPT de 1981 apenas admitir prova documental. Ficaria salvo, de todo o modo, a possibilidade de recurso ao procedimento cautelar comum regulado no CPC, *ex vi* art. 1.º do CPT.

[7] Assim, o procedimento específico ajusta-se a situações de "falsos recibos verdes", ou seja, de relações jurídicas que, com outra qualquer designação formal, sejam, na realidade, verdadeiros contratos de trabalho.

Suspensão de despedimento

a par de uma situação de *despedimento*, posto que não tenha sido o corolário do respectivo procedimento formal.[8]

Com o objectivo de resolver divergências que entretanto surgiram relacionadas com a delimitação objectiva do procedimento cautelar de suspensão de despedimento o STJ fixou, através do Ac. de Uniformização de Jurisprudência n.º 1/03, de 12 de Novembro, a seguinte doutrina:

"1. *O trabalhador despedido (individual ou colectivamente) pode socorrer-se do procedimento cautelar de suspensão do despedimento desde que esta seja a causa invocada pela entidade patronal para a cessação da relação laboral ou, na sua não indicação, se configure a verosimilhança de um despedimento.*

2. *Os meios de prova consentidos pelos arts. 35.º e 43.º do CPT destinam-se a fundar a verosimilhança necessária para a concessão da providência cautelar de suspensão de despedimento".*[9]

Estão afastados os casos em que o contrato esteja afectado por *nulidade* (Ac. da Rel. do Porto, de 16-12-85, CJ, tomo V, pág. 215).

Nos Acs. da Rel. de Lisboa, de 21-4-93, CJ, tomo III, pág. 166, e de 26-6-02, CJ, tomo III, pág. 164, declarou-se a inaplicabilidade do procedimento a situações emergentes do contrato de trabalho de *serviço doméstico*.

[8] A exigência de uma situação de despedimento leva a excluir da providência de suspensão os casos de *caducidade* do contrato de trabalho, designadamente do contrato de trabalho a termo certo (Acs. da Rel. de Lisboa, de 14-11-01, CJ, tomo V, pág. 158, e de 10-11-92, CJ, tomo V, pág. 283, Ac. da Rel. de Évora, de 13-4-93, CJ, tomo II, pág. 298, e Ac. da Rel. de Coimbra, de 3-4-03, CJ, tomo II, pág. 60).

[9] Nos termos do Ac. do Trib. Const., de 2-5-06, D.R., II Série, de 7-6-06, a interpretação feita pelo Acórdão de Uniformização não é inconstitucional.

Já alguma doutrina alertava para a necessidade de moderar os efeitos de uma jurisprudência demasiado restritiva e que acabava por permitir que o requerido extraísse proveitos de actuações maliciosas, impugnando, sem fundamento sério, os factos alegados pelo requerente, designadamente em relação à qualificação do contrato como de trabalho ou à caracterização da situação como de despedimento.

ALBINO MENDES BATISTA defendia a necessária flexibilidade, asseverando que "o juiz não deve consentir que a entidade patronal invoque, de forma fácil e maléfica, que o contrato em causa não é um contrato de trabalho, para o efeito de obstar a que a providência seja deferida. Neste cenário, deve ser facultada ao trabalhador a possibilidade de demonstrar sumariamente que a proceder este tipo de defesa estaria encontrado o caminho privilegiado para em muitas situações a providência cautelar ser negada" (*Meios de prova admitidos em sede de procedimentos cautelares*, em *Temas do Direito do Trabalho e Direito Processual do Trabalho*, pág. 330).

4. Características essenciais da suspensão de despedimento

4.1. A suspensão de despedimento recolhe a generalidade das características dos procedimentos cautelares regulados no CPC.[10]

Trata-se de uma providência de *natureza antecipatória*[11] que confere ao trabalhador o direito à imediata reintegração no respectivo posto de trabalho, cujo acesso lhe foi vedado por uma actuação provavelmente ilícita da entidade patronal, reconstituindo, ainda que em termos interinos, a relação jurídico-laboral.[12]

Depende da formulação de um juízo de verosimilhança relativamente à ilicitude do despedimento, pressupondo que se possa asseverar, em termos de probabilidade séria, o êxito da acção principal cujo objecto é o direito potestativo de impugnação do despedimento. Assim se pretende evitar que persistam e se repercutam na esfera do trabalhador os efeitos negativos de uma conduta ilícita do empregador.

---

[10] Com mais desenvolvimento a matéria dos procedimentos cautelares comuns e especificados cfr. ABRANTES GERALDES, *Temas da Reforma do Processo Civil*, vol. III *(Procedimento Cautelar Comum)*, 4.ª ed., e *Temas da Reforma do Processo Civil*, vol. IV *(Procedimentos Cautelares Especificados)*, 3.ª ed.

JORGE LEITE sintetiza bem os aspectos fundamentais da suspensão de despedimento quando refere que se trata de "uma providência cautelar que participa das características próprias deste tipo de medidas: visa proteger a aparência do direito invocado, no caso, o direito à segurança do emprego e à percepção regular dos rendimentos do trabalho (*"fumus boni juris"*); tem como razão determinante evitar, ao menos provisoriamente, os efeitos da mudança operada com o despedimento, fim que a acção principal não é adequada a preservar por ser de solução mais lenta (*"periculum in mora"*); é célere, bastando-se, por isso, com uma averiguação sumária do processo (*"summaria cognitio"*); e é instrumental ou dependente da acção principal, neste caso a acção de impugnação do despedimento de que a providência constitui uma espécie de antecipação provisional" (*Colectânea das Leis do Trabalho*, pág. 257).

[11] Sobre as providências antecipatórias em geral cfr. ABRANTES GERALDES, *Temas da Reforma do Processo Civil*, vol. III, 4.ª ed. *(Procedimento Cautelar Comum)*, em anotação ao art. 381.° do CPC.

[12] Cfr. o Ac. da Rel. de Évora, de 5-3-91, BMJ 405.°/552.

4.2. Constitui uma *providência instrumental*[13] quer em relação à acção de impugnação de despedimento individual, sob a forma especial prevista nos arts. 98.°-B e segs. ou sob a forma comum dos arts. 51.° e segs., quer em relação à acção com processo especial de impugnação de despedimento colectivo regulada nos arts. 156.° e segs. do CPT.

Naturalmente exige uma situação de despedimento ilícito, como forma específica de extinção unilateral de um contrato de trabalho por iniciativa do empregador, sendo inadequada essa providência específica quando esteja em causa contrato de outra natureza (*v.g.* prestação de serviços, mandato, etc.) ou quando, em relação ao contrato de trabalho, se tenha verificado uma outra forma de extinção.

Está, assim, afastada a utilização da suspensão de despedimento, por exemplo, nos seguintes casos:

a) Contrato de trabalho afectado de *nulidade*;[14]

b) *Promessa* de contrato de trabalho (art. 103.° do Cód. do Trabalho);

c) Contratos de *prestação de serviços*, de mandato ou outro qualquer que não implique a subordinação jurídica inerente ao contrato de trabalho;

d) Cessação do contrato de trabalho por *caducidade*, nos termos dos arts. 343.° e segs. do Cód. do Trabalho;[15]

e) Cessação do contrato de trabalho por *revogação*, nos termos do art. 349.° do Cód. do Trabalho;

f) Cessação do contrato de trabalho por *iniciativa do trabalhador*, nos termos dos arts. 394.° e segs. e 400.° e segs. do Cód. do Trabalho.

É verdade que em qualquer destas situações poderão existir direitos do trabalhador oponíveis ao respectivo empregador, designadamente quando se questionem os motivos invocados para a caducidade do contrato ou quando se aleguem vícios que afectem outras declarações contratuais.

---

[13] Sobre a *instrumentalidade* e dependência em geral das providências cautelares cfr. ABRANTES GERALDES, *Temas da Reforma do Processo Civil*, III vol., 4.ª ed., *(Procedimento Cautelar Comum)*, em anotação ao art. 383.° do CPC.

[14] Cfr. o Ac. da Rel. do Porto, de 16-12-85, CJ, tomo V, pág. 214.

[15] Cfr. o Ac. da Rel. de Évora, de 10-11-92, CJ, tomo V, pág. 283, o Ac. da Rel. de Coimbra de 3-4-03, CJ, tomo II, pág. 60, e o Ac. da Rel. de Lisboa, de 11-7-00, CJ, tomo IV, pág. 287.

Porém, o procedimento cautelar de suspensão de despedimento, pela sua simplicidade e objectividade, tem o seu âmbito bem demarcado, correspondendo às situações típicas de alegada cessação do contrato de trabalho por iniciativa do empregador.

Direitos que porventura decorram de outras formas de extinção do contrato de trabalho poderão contar com a tutela cautelar comum, de natureza conservatória ou antecipatória, nos termos do art. 32.º do CPT. Porém, exige-se a demonstração, ainda que em termos sumários, não apenas do direito em causa, como de uma situação de perigo de lesão grave e de difícil reparação, nos termos dos arts. 381.º, n.º1, e 387.º, n.º 1, do CPC.

4.3. Outra das características é a *celeridade*.[16]

A tutela eficaz de direitos, por forma a acautelar o efeito útil da acção, nos termos do art. 2.º CPC e do art. 20.º da CRP, reclama uma actuação célere que se projecta com mais acuidade em matéria de procedimentos cautelares. A celeridade é uma característica inerente a qualquer procedimento cautelar, sendo incentivada, além do mais, pelo facto de a sua tramitação requerer a urgência prevista no art. 382.º do CPC.

No caso da suspensão de despedimento, tal característica é exponenciada, tendo em conta a especial natureza da relação jurídica em causa e a necessidade de uma apreciação oportuna da situação, por forma a dirimir, ao menos provisoriamente, o litígio, proferindo uma decisão que, ainda que em termos não definitivos, confirme a regularidade do despedimento ou afirme a sua ilicitude.

Para que tal objectivo seja conseguido, existem algumas normas orientadoras. Para além do encurtamento de prazos que decorre da imediata designação da audiência final, sem esperar pela apresentação de oposição, a celeridade é impulsionada pelo facto de a referida audiência se realizar no prazo de 15 dias, devendo ser proferida a decisão final no prazo máximo de 30 dias (metade do previsto no art. 382.º, n.º 2, do CPC).

O art. 26.º, n.º 1, als. a) a d), do CPT, define as acções que têm *natureza urgente*, abarcando tanto a acção com processo comum dos arts. 51.º

---

[16] Sobre a *celeridade* no âmbito dos procedimentos cautelares cfr. ABRANTES GERALDES, III vol., 4.ª ed., dos *Temas da Reforma do Processo Civil (Procedimento Cautelar Comum)*, em anotação ao art. 382.º do CPC.

Suspensão de despedimento 25

e segs. como a acção com o processo especial dos arts. 98.º-B e segs. ou com o processo especial dos 156.º e segs. do CPT.

Deste modo, sendo a acção principal de natureza urgente, bem podemos asseverar que o procedimento de suspensão de despedimento deve ter um tratamento "urgentíssimo", só assim exercendo efectivamente instrumentalidade em relação ao objecto e aos efeitos projectados pela acção principal a que está associado.

4.4. Trata-se de providência com *contraditório* necessário.[17]

Ao invés do que pode ocorrer no procedimento cautelar comum, em que, por via da remissão prevista no art. 32.º do CPT, o contraditório pode ser dispensado verificadas as condições previstas no art. 385.º, n.º 1, do CPC, na suspensão de despedimento o requerido deve ser sempre ouvido, o que se compreende no quadro de uma relação jurídica padronizada como é o contrato de trabalho.

O contraditório é não apenas um dever do tribunal, como um ónus que recai sobre as partes colhido através dos efeitos cominatórios determinados pelas situações da ausência injustificada das partes na audiência final para que sejam convocadas (arts. 32.º, n.º 2, e 36.º, n.º 1).

4.5. Mais do que na generalidade das providências cautelares, a *inquisitoriedade*, em matéria de averiguação dos factos, acaba por prevalecer sobre o princípio do dispositivo.

Passando para um plano secundário a eventual falta de apresentação de oposição, e sem embargo dos efeitos que a lei extrai da ausência injustificada das partes ou dos seus mandatários com poderes especiais, o tribunal deve apreciar a realidade que transparece dos autos, com especial relevo para o processo disciplinar ou outra documentação relacionada com a formalização do despedimento.

A convicção é formada com base na apreciação dos elementos apresentados por ambas as partes, das suas declarações, da audição das testemunhas e de outros meios de prova pertinentes, sem embargo das demais

---

[17] Sobre o contraditório no âmbito dos procedimentos cautelares cfr. ABRANTES GERALDES, *Temas da Reforma do Processo Civil*, III vol., 4.ª ed. *(Procedimento Cautelar Comum)*, em anotação ao art. 385.º do CPC.

diligências de prova que o tribunal considere indispensáveis para a decisão e que, com total liberdade, pode decretar. Pode, assim, designadamente, inquirir pessoas não indicadas, solicitar esclarecimentos às partes ou ordenar a junção de documentos complementares.

4.6. Tal como acontece com a generalidade dos procedimentos cautelares, o de suspensão de despedimento é marcado pela *simplicidade* da tramitação e pela *sumariedade* do processo decisório.[18]

Como a generalidade dos procedimentos cautelares, apenas são admissíveis dois articulados. Além disso, ainda que possa ser produzida prova testemunhal em todas as situações, é limitado a três o número de testemunhas por cada parte.

A lei extrai consequências imediatas de determinados comportamentos processuais atinentes à falta, sem representação, nem justificação, de alguma ou de ambas as partes, sem prejuízo da apreciação dos elementos documentais apresentados pelo requerido.

O deferimento da providência basta-se com a formulação de um juízo de séria probabilidade ou verosimilhança quanto à existência de despedimento ilícito, por algum dos motivos formais ou substanciais previstos no Cód. do Trabalho, sendo meramente exemplificativa a enunciação dos motivos constante do art. 39.º, n.º 1, do CPT.

5. Prazo

5.1. Para a instauração do procedimento suspensivo a lei prevê o prazo de *cinco dias úteis*, contados a partir da recepção da comunicação do despedimento (art. 386.º do Cód. do Trabalho).[19]

Estamos perante um *prazo de caducidade*, de natureza substantiva, cujo decurso determina a extinção do direito potestativo, mais concretamente, o direito de obter a suspensão do despedimento.

---

[18] Sobre estas características nos procedimentos cautelares em geral cfr. ABRANTES GERALDES, *Temas da Reforma do Processo Civil*, III vol., 4.ª ed. *(Procedimento Cautelar Comum)*, em anotação ao art. 387.º do CPC.

[19] Nos casos em que a declaração é remetida por via postal para o domicílio do trabalhador, não sendo por este recebida, a questão deve ser resolvida através do confronto com a regra geral constante do art. 224.º, n.ºs 2 e 3, do Cód. Civil.

Suspensão de despedimento 27

No domínio de lei anterior sempre se defendeu que a caducidade não era de conhecimento oficioso.[20]

A actual norma prevê que *"apresentado o requerimento no prazo previsto no art. 386.° do CPT, o juiz ordena a citação..."*.

Este segmento normativo suscita a dúvida quanto à oficiosidade ou não do conhecimento da caducidade nos casos em que o juiz, na fase liminar, se confronta com o manifesto decurso do referido prazo de caducidade.[21] A referida expressão, conquanto fosse dispensável, não tem outra finalidade do que a de alertar o requerente para a necessidade de apresentar o requerimento inicial naquele curto prazo de caducidade. Uma modificação do regime anterior no sentido antagónico ao que antes se extraía não poderia deixar de ser assinalada de modo mais evidente ou, ao menos, referenciada no Preâmbulo do diploma que introduziu as alterações ao CPT.

Por outro lado, a coerência do sistema levaria a que nos casos em que a caducidade não fosse apreciada na fase liminar deveria ser conhecida na decisão final, ainda que o requerido a não suscitasse ou não houvesse oposição, sendo que não é esse o resultado que se obtém a partir do disposto no art. 39.° do CPT.

Em conclusão, parece-nos que, apesar da modificação do texto legal, se manteve o regime prescrito para o despacho de indeferimento liminar, nos termos do art. 234.°-A, n.° 1, do CPC, devendo o juiz aguardar pela iniciativa do requerido no que concerne à arguição da excepção peremptória de caducidade.

Como prazo de natureza substantiva, a sua contagem obedece ao disposto no art. 279.° do CC, correndo mesmo em períodos de férias judiciais. Aliás, tratando-se um instrumento processual de natureza urgente, a sua interposição independentemente do decurso das férias judiciais decorre do art. 144.°, n.os 1 e 4, do CPC.

5.2. A delimitação do início e do fim do prazo é fácil quando o despedimento se traduz numa comunicação escrita no culminar de um proce-

---

[20] Cfr. LEITE FERREIRA, *CPT anot.*, págs. 166 a 169, os Acs. da Rel. de Lisboa, de 7-3-90, CJ, tomo II, pág. 186, de 8-7-04 e de 29-3-06 (*www.dgsi.pt*), o Ac. da Rel. do Porto de 24-11-03 (*www.dgsi.pt*) e o Ac. da Rel. de Évora, de 4-5-99, CJ, tomo III, pág. 290.

[21] ABÍLIO NETO, no *CPT anot.*, 4.ª ed., pág. 83, defende a apreciação oficiosa da caducidade.

28   *Suspensão de Despedimento*

dimento formal, designadamente nos casos em que é invocada justa causa de despedimento.

Mas o trabalhador pode ver-se, de facto, confrontado com uma situação de despedimento que não esteja apoiada em qualquer documento, decorrendo de uma *comunicação verbal*.[22] Apesar da invalidade formal manifesta de tal forma de despedimento, mantém-se a regra de que a respectiva suspensão deve ser requerida a partir do momento em que seja recebida a comunicação.

De todo o modo, sendo a caducidade facto de natureza extintiva, é sobre o empregador que recai o *ónus da prova* do decurso do prazo em qualquer das referidas situações (art. 342.°, n.° 2, do CC).

6. Pressupostos processuais

6.1. O procedimento cautelar de suspensão de despedimento é instrumental em relação à acção com processo comum (arts. 51.° e segs.) ou à acção com processo especial de impugnação judicial da regularidade e licitude do despedimento individual regulada nos arts. 98.°-B e segs. ou do despedimento colectivo, nos termos dos arts. 156.° e segs. do CPT.

É, pois, natural que os pressupostos processuais sejam comuns.[23]

6.2. Para a competência em razão da *nacionalidade* releva o disposto nos arts. 10.° e 11.° do CPT.[24]

Quanto à competência em função da *matéria*, atento o nexo de instrumentalidade em relação à acção de impugnação do despedimento, pressupõe a alegação da existência de um contrato de trabalho, nos termos do art. 118.°, al. b), da nova LOFTJ (idêntico ao art. 85.°, al. b), da anterior LOFTJ).[25] Assim, se for pedida a suspensão de despedimento em si-

---

[22] Nem sequer está afastada a possibilidade de ocorrência de despedimentos em resultado de comportamentos tácitos, nos termos do art. 217.°, n.° 1, do CC.

Sobre as características de *declarações não escritas* de despedimento cfr. os Acs. do STJ, de 22-2-08, de 8-6-08 e de 27-2-08, *www.dgsi.pt*.

[23] Sobre a matéria cfr. Domingos José Morais, *Os pressupostos processuais no processo do trabalho*, em *Estudos do Instituto do Direito do Trabalho*, vol. V, págs. 9 e segs.

[24] Cfr. o Ac. da Rel. de Lisboa, de 2-4-08, *www.dgsi.pt*.

[25] Importa ter em especial atenção que o pressuposto da *competência* se afere a partir da causa de pedir invocada, naturalmente conexa com a relação jurí-

Suspensão de despedimento 29

tuações em que seja invocado um contrato de prestação de serviços, mais do que declarar a improcedência da pretensão, verifica-se uma situação de incompetência do tribunal do trabalho em função da matéria.

No que respeita à competência *territorial* vale o disposto no art. 14.º para o despedimento individual, para o que se prevê competência alternativa do tribunal do lugar da prestação do trabalho ou do tribunal do domicílio do autor. Já para o despedimento colectivo o art. 16.º contém uma regra específica, determinando que a suspensão e a correspondente acção sejam instauradas no tribunal do lugar onde se situa o estabelecimento da prestação do trabalho.

Importa ainda observar os casos de competência por *conexão*. Na eventualidade – rara – de já ter sido interposta a acção de impugnação do despedimento (designadamente a acção com processo especial regulada nos arts. 98.º-B e segs., cuja instância se inicia, de acordo com o novo regime, com a apresentação do formulário referido no n.º 1 do art. 98.º-C), o procedimento cautelar correrá por apenso a tal acção, nos termos do art. 383.º, n.º 3, do CPC. Nos casos – seguramente mais frequentes – em que o trabalhador recorre prioritariamente ao procedimento de suspensão de despedimento, proceder-se-á à sua apensação posterior, nos termos do n.º 2 do art. 383.º do CPC.[26]

6.3. Em regra, a *legitimidade* recai sobre os sujeitos da relação material controvertida descrita pelo autor na petição inicial. Tratando-se de um

---

dica de onde emerge o direito que se pretende exercitar. Trata-se de entendimento doutrinal e jurisprudencialmente uniforme.

Como pressuposto de natureza formal que visa apenas determinar o tribunal que irá dirimir o litígio, não se confunde com o mérito da providência. Para que se afirme e estabeleça a competência do tribunal, basta que o requerente alegue a existência de um contrato de trabalho cujos efeitos extintivos por via de despedimento pretenda suspender.

[26] A impugnação da licitude de despedimento individual comunicado por escrito está submetida ao processo especial dos arts. 98.º-B e segs. do CPT, devendo o requerimento inicial do procedimento cautelar incluir necessariamente esse pedido de impugnação da regularidade e licitude do despedimento se acaso a acção ainda não tiver sido interposta (art. 34.º, n.º 4, do CPT). Em tal situação, verifica-se em simultâneo o início da instância cautelar e o início da instância principal (art. 26.º, n.º 5, do CPT).

pressuposto formal, afere-se através da relação jurídica descrita pelo requerente, necessariamente vinculada a um contrato de trabalho tendo como sujeitos o requerente e o requerido, cuja extinção tenha sido alegadamente determinada por este, quer como despedimento individual, quer como despedimento colectivo.

A veracidade de tal alegação, em todas as suas vertentes (contrato de trabalho, identificação dos sujeitos, ocorrência de despedimento, etc.) liga-se ao mérito da providência, devendo ser apreciada, em termos de séria probabilidade ou verosimilhança, na decisão final, depois de produzidos e valorados os meios de prova.

No campo do mesmo pressuposto da legitimidade em sentido amplo, importa observar especialmente o que se dispõe no art. 5.º, n.º 2, do CPT, traduzindo uma situação de legitimidade indirecta ou extraordinária, em que a associação sindical, quando intervém a requerer a suspensão do despedimento, não actua no seu próprio interesse mas no interesse do trabalhador que, reunindo as condições aí assinaladas, tenha sido alvo de despedimento ilícito.

6.4. O procedimento cautelar de suspensão admite sempre recurso ordinário. Por isso, no que respeita ao *patrocínio judiciário*, reclama a constituição obrigatória de advogado, nos termos do art. 32.º, n.º 1, al. b), do CPC.

O patrocínio judiciário do requerente (trabalhador) pode ser assegurado pelo Ministério Público, nos termos do art. 7.º, al. a), do CPT, sem embargo da possibilidade de recusa desse patrocínio nos termos do art. 8.º.[27]

7. Tramitação

Na sua generalidade, a *tramitação* do procedimento cautelar de suspensão de despedimento obedece a regras específicas que praticamente dispensam o recurso a outros normativos do CPT ou mesmo do CPC.

Por via do disposto no art. 33.º do CPT, eventuais lacunas de regulamentação devem ser preenchidas pela ordem seguinte:

1.º – Recurso à norma do art. 32.º do CPT;

---

[27] Sobre a matéria cfr. JOÃO MONTEIRO, *O Ministério Público e o patrocínio dos trabalhadores no processo declarativo laboral*, em *Estudos do Instituto do Direito do Trabalho*, vol. V, págs. 23 e segs.

2.º – Recurso às normas dos arts. 381.º a 392.º do CPC que se revelem compatíveis.

8. Requerimento inicial

8.1. O teor do *requerimento inicial* deve ser essencialmente aferido em face dos pressupostos de que depende o decretamento da suspensão, variando em função da modalidade de despedimento e dos motivos formais ou substanciais invocados para a sua ilicitude.

Em termos formais, os requisitos externos do requerimento inicial devem ser encontrados através da conjugação do art. 384.º, n.º 3, e dos arts. 302.º a 304.º, sem embargo do que se extrai dos arts. 467.º e 474.º do CPC:

– Indicação do tribunal a que é endereçado,
– Identificação das partes, com relevo especial para os seus nomes e residências;
– Indicação da forma de procedimento;
– Indicação do valor processual;
– Indicação do domicílio do mandatário judicial e assinatura do patrono;
– Comprovação da taxa de justiça ou da concessão de apoio judiciário (ou, eventualmente, da formulação do pedido de apoio judiciário que não tenha ainda sido concedido).

Para além destes requisitos cuja verificação a lei deixou, num primeiro momento, à secretaria judicial, outros deverão ser acatados, tais como a dedução da matéria de facto por artigos (art. 151.º, n.º 2, do CPC).

8.2. No que concerne à *causa de pedir*, à semelhança das petições iniciais do processo comum, também o requerente deve expor as razões de facto e de direito em que funda a sua pretensão. Sendo a causa de pedir integrada pelo facto jurídico de onde emana o direito, na suspensão de despedimento impõe-se a alegação de factos que envolvam o direito subjectivo e justifiquem a medida cautelar essencialmente ligados à concretização da ilicitude do despedimento.

A alegação da *matéria de facto* é ónus que recai sobre o requerente. O dever de investigação que a lei processual comete ao juiz apenas abarca a matéria de facto alegada.

Para o efeito, não basta a transcrição dos pressupostos normativos nem a mera afirmação de proposições jurídicas, antes se exige a articulação de factos concretos que, uma vez provados, permitam ao tribunal extrair as conclusões de que a lei faz depender a procedência da providência. Perante a concreta situação e em face das circunstâncias que a rodeiam, recai sobre o requerente o ónus de alegar os motivos por que, em seu entender, deve ser decretada a providência de suspensão, indicando os requisitos formais ou materiais a cuja violação a lei atribui a faculdade de o trabalhador requerer a suspensão do despedimento, *maxime* no que respeite à provável inexistência de justa causa ou à ausência de condições legais de que dependem outras formas de despedimento.

Tal alegação tornar-se-á mais fácil naqueles casos em que os factos se mostrem provados por documentos juntos em simultâneo. Já em relação a factos não documentados, cuja demonstração careça de prova testemunhal ou outra, o requerente deve aprimorar-se na sua alegação e concretização, por forma a não comprometer a sua pretensão com base em razões puramente formais, como ocorre quando se invoca a inexistência de justa causa ou a falta de preenchimento dos pressupostos de que depende o despedimento por extinção do posto de trabalho ou o despedimento colectivo.

Assim, atentas as exigências legais relativas a cada modalidade de despedimento, cumpre ao requerente alegar os factos com relevo jurídico que sirvam para caracterizar fundamentalmente os seguintes aspectos:
– A existência de um contrato de trabalho;
– A existência de uma situação de despedimento por iniciativa do empregador;
– Os motivos por que, no entender do requerente, o despedimento é ilícito em face das normas dos arts. 381.° a 385.° do Cód. do Trabalho aplicáveis ao caso, com discriminação dos fundamentos da ilicitude, desdobrando, se for o caso, os aspectos ligados à motivação do despedimento e aqueles que respeitarem ao incumprimento das formalidades prescritas para cada modalidade.

8.3. Com o requerimento inicial devem ser apresentadas as *provas*, nos termos do art. 303.°, n.° 1, *ex vi* art. 384.°, n.° 3, do CPC, e dos arts. 32.° e 33.° do CPC.[28]

A lei não estabelece qualquer distinção quanto aos meios de prova admissíveis, apenas limitando a três o número de testemunhas (art. 35.°, n.° 1, do CPT).

---

[28] Cfr. ABRANTES GERALDES, *Temas da Reforma do Processo Civil*, III vol., 4.ª ed. *(Procedimento Cautelar Comum)*, em anotação aos arts. 382.° e 384.° do CPC.

Quanto à *prova documental*, importa considerar em especial o que decorre do art. 34.º, n.ᵒˢ 2 e 3.º, do CPT, que implica a transferência para o requerido do ónus de apresentação do procedimento disciplinar (no caso de despedimento com invocação de factos imputáveis ao trabalhador) ou dos documentos comprovativos do cumprimento das formalidades prescritas para o despedimento individual por extinção do posto de trabalho ou por inadaptação ou para o despedimento colectivo.

8.4. O requerimento inicial deve conter obrigatoriamente a formulação do *pedido* que correspondente à pretensão material conferida pelo art. 386.º do Cód. do Trabalho.

Tal indicação é corolário do princípio do dispositivo e decorre expressamente do disposto no art. 381.º, n.º 1, do CPC.

Consideramos que o decretamento da suspensão acarreta, por si, o direito de reintegração na empresa, o qual apenas pode ser evitado com a interposição de recurso da decisão a que seja atribuído efeito suspensivo, nos termos do art. 40.º, n.º 2, do CPT.[29]

Ainda assim, naquilo que se pode apelidar de "jurisprudência das cautelas", para a eventualidade de prevenir uma diversa interpretação que porventura se extraia do art. 39.º, n.º 2, do CPT, nada obsta a que o requerente formule expressamente o pedido de intimação do empregador a cumprir o *dever de ocupação efectiva* que, além do mais, decorre do art. 129.º, n.º 1, al. b), do Cód. do Trabalho.

8.5. O n.º 4 contém uma solução inovadora e que decorre da modificação do Cód. do Trabalho e da regulação no CPT do *novo processo especial* de impugnação da regularidade ou licitude do despedimento individual comunicado por escrito ao trabalhador.

---

[29] Certo sector da jurisprudência defende que a decisão cautelar apenas obriga a entidade empregadora ao pagamento dos salários (Acs. da Rel. de Lisboa, de 15-3-06 e de 24-1-07 (*www.dgsi.pt*). Parece, no entanto, mais ajustada a solução oposta defendida, por exemplo, no Ac. da Rel. de Lisboa, de 14-1-09 (*www.dgsi.pt*), onde se mencionam outros arestos, entre os quais o Ac. do STJ, de 23-4-98, CJSTJ, tomo II, pág. 265, o Ac. da Rel. de Évora, de 19-5-92, CJ, tomo III, pág. 360, e o Ac. da Rel. do Porto, de 1-3-99, CJ, tomo II, pág. 242.

É a seguinte a redacção do art. 98.°-C:

Início do processo

1. Nos termos do art. 387.° do Código do Trabalho, no caso em que seja comunicada por escrito ao trabalhador a decisão de despedimento individual, seja por facto imputável ao trabalhador, seja por extinção do posto de trabalho, seja por inadaptação, a acção de impugnação judicial da regularidade e licitude do despedimento, inicia-se com a entrega, pelo trabalhador, junto do tribunal competente, de requerimento em formulário electrónico ou em suporte de papel, do qual consta declaração do trabalhador de oposição ao despedimento, sem prejuízo do disposto no número seguinte.

2. Caso tenha sido apresentada providência cautelar de suspensão preventiva do despedimento, nos termos previstos nos arts. 34.° e segs. [do CPT], o requerimento inicial do procedimento cautelar do qual conste que o trabalhador requer a impugnação judicial da regularidade e licitude do despedimento dispensa a apresentação do formulário referido no número anterior.

A impugnação judicial de despedimento individual (quando comunicado por escrito) deve ser feita mediante a apresentação do requerimento-formulário, no prazo de 60 dias a contar da recepção da comunicação de despedimento ou da data da cessação do contrato (n.° 2 do art. 387.° do Cód. do Trabalho).[30] O modelo do formulário foi aprovado pela Portaria n.° 1460-C/2009, de 31 de Dezembro, reproduzido em Anexo.

Nos termos do art. 26.°, n.° 5, do CPT, a instância inicia-se com o recebimento de tal formulário,[31] a que se seguirá a audiência de partes, nos termos do art. 98.°-F do CPT.

Nos casos em que o trabalhador despedido tenha tomado essa iniciativa antes da instauração do eventual procedimento de suspensão (para o que a lei prevê o curto prazo de 5 dias), o requerimento inicial do procedimento não tem que conter qualquer elemento adicional. Basta enunciar nele que a acção com processo especial já foi instaurada, o que determinará a apensação do procedimento cautelar (art. 383.°, n.° 3, do CPC).

---

[30] Trata-se de prazo de *caducidade* que, respeitando a direitos disponíveis, não é de conhecimento oficioso.

[31] Refere-se no *Preâmbulo* que em caso de recusa de recebimento há lugar a reclamação, o que nos transporta para o disposto nos arts. 475.° e 476.° do CPC, com possibilidades de apresentação de novo requerimento dentro de 10 dias depois de recusado o primeiro ou de confirmada a sua recusa.

Suspensão de despedimento 35

Já, porém, nos casos, seguramente mais frequentes, em que o trabalhador tenha optado pelo recurso ao procedimento cautelar de suspensão do despedimento, a lei prescreve que deve formular no respectivo requerimento inicial o *pedido de impugnação*, cuja *omissão* determina a extinção do procedimento cautelar, nos termos do n.º 4 do art. 34.º do CPT.[32]

8.6. Da conjugação do art. 384.º, n.º 2, do CPC, com o art. 829.º-A do CC, resulta a possibilidade de ser formulado pedido acessório de condenação em *sanção pecuniária compulsória* com vista a prevenir o eventual incumprimento da medida cautelar, no que respeita à reintegração na empresa, salvo o disposto no n.º 2 do art. 40.º do CPT.[33]

Esta obrigação da entidade patronal, subsequente à suspensão do despedimento pode ser encarada como prestação de facto positivo (obrigação de "reintegrar") ou como prestação de facto negativo (obrigação de "não impedir o reingresso"). Em qualquer dos casos, caracteriza-se pela infungibilidade a que plenamente se adequa a sanção pecuniária compulsória, como meio de pressão adicional para o eficaz cumprimento da obrigação.[34]

A eventual aplicação da sanção depende sempre da iniciativa do interessado, a qual deve ser inserida logo no requerimento inicial, não sendo admissível a sua apresentação em momento posterior.

8.7. Com as devidas adaptações à concreta situação, em *termos esquemáticos*, o requerimento inicial comportará, os seguintes elementos formais e materiais:

a) Indicação do tribunal do trabalho territorialmente competente;

---

[32] Sem embargo da prévia intervenção do juiz no despacho liminar, como se justificará adiante.

[33] Cfr. ABRANTES GERALDES, *Temas da Reforma do Processo Civil*, III, vol. 4.ª ed. *(Procedimento Cautelar Comum)*, em anotação ao art. 384.º do CPC, e, em matéria laboral, o Ac. da Rel. de Lisboa, de 17-12-08, e o Ac. da Rel. de Coimbra, de 17-7-08 *(www.dgsi.pt)*.

[34] Sobre esta característica cfr. CALVÃO DA SILVA, *Cumprimento e Sanção Pecuniária Compulsória*, 4.ª ed., pág. 562, LEBRE DE FREITAS, *CPC anot.*, vol. II, pág. 22, o Ac. do STJ, de 27-9-01, CJSTJ, tomo III, pág. 41, e o Ac. da Rel. do Porto, de 18-3-02, CJ, tomo II, pág. 201.

b) Identificação do requerente e do requerido, domicílios, números de identificação civil ou fiscal, etc.;

c) Indicação da forma do procedimento;

d) Exposição circunstanciada dos factos relevantes, designadamente respeitantes ao contrato de trabalho, função exercida, retribuição auferida, descrição da forma de despedimento e sua fundamentação, ilicitude e respectiva causa, com invocação dos requisitos formais ou dos pressupostos materiais em falta, etc.;

e) Indicação dos fundamentos jurídicos da pretensão, *maxime* invocação das normas jurídicas violadas;

f) Pedido de suspensão do despedimento;

g) Quando se invoque despedimento cuja impugnação esteja submetida à forma de processo especial dos arts. 98.°-B e segs., formulação do pedido de impugnação da sua regularidade e licitude, se este ainda não tiver sido apresentado através do formulário previsto no art. 98.°-C, n.° 1;

h) Eventual formulação de pedido acessório de condenação em sanção pecuniária compulsória, nos termos do art. 384.°, n.° 2, do CPC;

i) Indicação do valor do procedimento;

j) Requerimento de provas, designadamente com identificação das testemunhas (no máximo, três) e junção dos documentos pertinentes;[35]

l) Eventual requerimento de gravação da prova que seja oralmente produzida (art. 304.°, n.° 3, do CPC);

m) Indicação do domicílio profissional do mandatário judicial;[36]

n) Assinatura e domicílio profissional do mandatário judicial (ou do magistrado do Ministério Público);

o) Comprovação do pagamento da taxa de justiça ou da concessão (ou pedido de concessão) de apoio judiciário (art. 467.°, n.° 5, do CPC).

---

[35] Ainda que tal não seja necessário, nada obsta a que se formule o pedido de intimação do requerido para apresentar os documentos referidos nos n.os 2 e 3 do art. 34.° do CPT.

[36] Ainda que no processo especial dos arts. 98.°-B e segs. do CPT apenas exija a intervenção de advogado com a apresentação dos articulados na acção, tal regime não é aplicável ao procedimento cautelar, uma vez que, admitindo este sempre recurso ordinário, é obrigatória constituição de advogado, nos termos do art. 32.°, n.° 1, al. a), do CPC, sem embargo do patrocínio que possa ser exercido pelo Ministério Público (art. 7.°, al. a), do CPT).

9. Controlo liminar

9.1. A apresentação do requerimento inicial na secretaria do tribunal através de algum dos meios legalmente admissíveis implica a verificação dos requisitos externos previstos no art. 474.º do CPC, cujo desrespeito pode motivar a *recusa de recebimento*, sujeita a reclamação (art. 475.º do CPC).

Ao recebimento do requerimento segue-se o seu averbamento à secção de processos (se houver pluralidade), não existindo, por isso, distribuição, devido à urgência que se pretende imprimir ao processado (art. 212.º do CPC).

Se acaso o procedimento assumir natureza incidental de acção já pendente, é processado por apenso (art. 383.º, n.º 3, do CPC).

9.2. Apresentados os autos ao juiz, é o momento de avaliar a decisão concretamente adequada, designadamente o *indeferimento liminar* quando seja manifesta a improcedência do pedido ou quando ocorram excepções dilatórias insupríveis de conhecimento oficioso.

Cumpre realçar que o indeferimento liminar deve ser reservado para situações em que o requerimento inicial apresente vícios formais ou substanciais que permitam inferir a manifesta improcedência do pedido formulado ou a inviabilidade de ser proferida uma decisão de mérito.

Na primeira situação, estar-se-á perante uma situação que de modo algum possa determinar uma decisão favorável ao requerente, por exemplo, quando da mera alegação resulte que não se está perante uma situação de despedimento ou que os motivos invocados pelo requerente não permitem concluir pela verificação de uma situação de ilicitude em face dos arts. 381.º e segs. do Cód. do Trabalho.

Já na segunda situação, verificar-se-á que, pela apreciação dos elementos imediatamente disponíveis, não estão reunidas as condições indispensáveis para que o tribunal possa proferir uma decisão de mérito, por se constatar a existência de *excepções* dilatórias insupríveis.[37] Assim sucederá em casos de ineptidão do requerimento (*v.g.* por falta de causa de pedir) ou quando seja manifesta a incompetência absoluta do tribu-

---

[37] Cfr. ABRANTES GERALDES, *Temas da Reforma do Processo Civil*, vol. III, 4.ª ed. (*Procedimento Cautelar Comum*), anotação ao art. 385.º do CPC.

nal,[38] a falta de personalidade do requerido [39] ou a ilegitimidade activa ou passiva.

Como referimos no ponto 5., a caducidade, pelo decurso do prazo de 5 dias, não sendo de conhecimento oficioso, não poderá determinar o indeferimento liminar.

Do despacho de indeferimento liminar cabe sempre *recurso* para a Relação, independentemente do valor (art. 234.º-A, n.º 2).

O recurso é de apelação (art. 79.º-A, n.º 2, al. i), do CPT, e art. 691.º, n.º 2, al. l), do CPC).

Deve ser interposto no prazo de 10 dias (art. 80.º, n.º 2, do CPT).

Sobe nos próprios autos (art. 83.º-A, n.º 1, do CPT, e art. 691.º-A, n.º 1, al d), do CPC) e com efeito suspensivo (art. 83.º, n.º 3, do CPT, e art. 692.º, n.º 3, al. d), do CPC).[40]

9.3. Em vez do indeferimento liminar imediato, o juiz deverá proferir despacho de aperfeiçoamento quando constatar a falta de *requisitos externos* da petição que não tenham sido detectados pela secretaria ou quando se evidencie a falta de pressupostos processuais supríveis, tais como a preterição de litisconsórcio necessário, a incapacidade judiciária em sentido amplo ou a falta ou irregularidade de patrocínio judiciário.

É também ajustado o despacho de aperfeiçoamento a situações em que se verifique uma deficiente alegação da matéria de facto, designadamente quando as insuficiências na concretização não atinjam a dimensão correspondente à falta de causa de pedir.

9.4. Nos termos do n.º 4 do art. 34.º do CPT, com o requerimento inicial deve ser formulado o pedido de impugnação do despedimento, a não ser que entretanto já tenha sido interposta a acção com processo especial dos arts. 98.º-B e segs.

O novo preceito suscita uma dúvida que nos parece pertinente: a falta

---

[38] Por exemplo, quando seja invocada uma relação jurídica que não seja de qualificar como contrato de trabalho subordinado.

[39] Importa distinguir as situações de falta de personalidade judiciária daquelas em que se verifica apenas uma deficiente identificação dos sujeitos, devendo guardar-se o indeferimento liminar para situações de inequívoca e insuprível ausência daquele pressuposto.

[40] Cfr. ABRANTES GERALDES, *Recursos em Processo Civil – Novo Regime*, 2.ª ed., págs. 189 e segs.

desse pedido de impugnação, quando exigida, dá lugar à imediata declaração de extinção do procedimento cautelar ou, ao invés, deve tal efeito ser precedido da formulação de despacho de convite ao aperfeiçoamento?

Em primeiro lugar, dir-se-á que a aludida extinção não corresponde a um efeito típico do indeferimento liminar que, nos termos do art. 234.°-A do CPC, está reservado para casos de manifesta improcedência ou de verificação de excepções dilatórias insupríveis, o que não ocorre naquela situação que encontra mais semelhanças com o regime de extinção dos procedimentos cautelares previsto no art. 389.° do CPC. Por isso mesmo, não existe uma imposição quanto ao decretamento de indeferimento liminar imediato com esse fundamento.

Também se verificam diferenças assinaláveis quando se estabelece o confronto entre o art. 34.°, n.° 4, do CPT, e o art. 389.°, n.° 1, al. a), do CPC, com a qual existe maior proximidade. É que, nesta situação, a declaração do efeito extintivo do procedimento e, eventualmente, da caducidade da providência cautelar decretada é decorrência do decurso de um prazo peremptório para a instauração da acção, justificando-se que tal consequência seja expressa logo que se verifique o incumprimento do ónus de interposição da acção principal no prazo peremptório que a norma refere.

Considerando que, nos termos do art. 34.°, n.° 4, 1.ª parte, do CPT, a formulação do pedido de impugnação constitui um requisito formal e específico do procedimento cautelar que seja instrumental em relação à acção com processo especial dos arts. 98.°-B e segs., a melhor resposta à questão enunciada passa por considerar que a omissão de tal pedido complementar traduz um articulado irregular, devendo ser submetido a um despacho de aperfeiçoamento, nos termos do art. 54.°, n.° 1, do CPT. O efeito extintivo do procedimento deverá ser reservado para os casos em que o requerente não acolha o convite que lhe seja dirigido.

10. Citação do requerido e designação de audiência final

10.1. O procedimento de suspensão não prescinde do *contraditório*, em termos paralelos ao procedimento de alimentos provisórios. Por isso, não havendo motivos para indeferimento ou para a prolação de outra decisão liminar, o juiz deve ordenar a citação do requerido para se opor e para comparecer na audiência final a realizar dentro de 15 dias.

A oposição deverá ser apresentada até ao início da audiência final (arts. 34.°, n.° 1, e 32.°, n.° 1, al. b), do CPT), tal significando que, se não tiver sido apresentada anteriormente, poderá sê-lo no início da audiência.

10.2. Sendo invocado pelo requerente que o despedimento (com invocação de justa causa) foi precedido de processo disciplinar, o requerido será ainda intimado a juntá-lo dentro do prazo da oposição (n.º 2 do art. 34.º).

Nos casos de despedimento individual por extinção do posto de trabalho ou por inadaptação e nos casos de despedimento colectivo, a intimação do requerido será para efeitos de juntar os documentos comprovativos do cumprimento das formalidades legais (n.º 3).

10.3. Ambas as partes serão notificadas para *comparecer* na audiência final[41] ou para nela se fazerem representar por mandatário com poderes especiais para confessar, desistir ou transigir, se acaso estiverem impossibilitados de comparecer.

Devem, por isso, as partes ser advertidas das consequências decorrentes da sua ausência injustificada ou da falta de representação, nos termos do art. 235.º, n.º 2, e do art. 253.º, n.º 2, do CPC, *ex vi* art. 23.º do CPT.

Sendo inviável a citação do requerido, não se procede à sua citação edital (art. 385.º, n.º 4, do CPC).

11. Oposição

11.1. A oposição pode ser apresentada até ao início da audiência final.

Quanto ao seu conteúdo, a lei processual não apresenta qualquer condicionamento, podendo ser deduzida defesa por excepção dilatória ou peremptória ou por impugnação, com ou sem apresentação de outra versão da realidade retratada pelo requerente.

Já no que respeita ao direito substantivo, importa considerar que, nos termos do art. 387.º, n.º 3, do Cód. do Trabalho, *"na apreciação judicial do despedimento, o empregador apenas pode invocar factos ou fundamentos constantes da decisão de despedimento comunicada ao trabalhador"*, preceito que também é aplicável ao despedimento colectivo, nos termos do art. 388.º, n.º 3, do Cód. do Trabalho.

---

[41] Em relação às *pessoas colectivas*, sem embargo de se fazerem representar por mandatário, deve ser assegurada a presença de pessoas que legalmente as representem ou em quem tenham sido delegados os poderes de representação (cfr. o Ac. da Rel. de Lisboa, de 24-3-93, CJ, tomo II, pág. 159, e o Ac. da Rel. de Évora, de 3-4-01, CJ, tomo II, pág. 275).

Suspensão de despedimento 41

11.2. Assim, em termos esquemáticos e sempre condicionados pela necessidade de ajustamento à concreta situação, a *oposição* pode desenhar-se da seguinte forma:

a) Invocação de nulidades processuais (*v.g.* ligadas à citação ou ao erro na forma de procedimento);

b) Arguição de excepções dilatórias (*v.g.* ineptidão, incompetência, ilegitimidade);

c) Alegação de excepções peremptórias, tais como a caducidade do procedimento cautelar, pelo decurso do prazo de 5 dias;

d) Posição circunstanciada sobre os factos alegados pelo requerente designadamente quanto à existência ou qualificação do contrato, ao despedimento, à licitude ou à regularidade do despedimento, etc;

e) Apresentação dos meios de prova, com o limite máximo de três testemunhas;

f) Eventual requerimento de gravação da prova que seja oralmente produzida (art. 304.°, n.° 3, do CPC);

g) Demonstração do pagamento da taxa de justiça ou da concessão do apoio judiciário;

h) Indicação do domicílio profissional do mandatário judicial;[42]

i) Assinatura e domicílio profissional do mandatário judicial.

11.3. A lei não permite a apresentação de terceiro articulado.

Porém, em relação ao que exceder a matéria da impugnação (*v.g.* invocação da caducidade do procedimento, ilegitimidade do requerido, invocação de outra forma de extinção do contrato de trabalho, etc.) o contraditório deve ser assegurado, sendo exercido pelo requerente, de acordo com a regra geral, na própria audiência final, nos termos do art. 3.°, n.° 4, do CPC.

11.4. Para a falta de oposição o art. 385.°, n.° 5, do CPC, determina que se produzem os efeitos da *revelia* previstos para a acção principal, em regra, a confissão dos factos articulados pelo requerente (art. 57.° do CPT).

---

[42] Ainda que o art. 98.°-B do CPT apenas exija a intervenção de advogado com a apresentação dos articulados na acção, tal regime não é aplicável ao procedimento cautelar, uma vez que, admitindo sempre recurso ordinário, é obrigatório o patrocínio judiciário, nos termos do art. 32.°, n.° 1, al. a), do CPC.

Porém, se independentemente da apresentação de oposição se verificar a ausência injustificada do requerido, sem se fazer representar, ou o incumprimento, também injustificado, do ónus de proceder à junção da documentação relativa ao processo de despedimento, deve prevalecer o efeito cominatório pleno previsto, respectivamente nos arts. 37.º, n.º 2, e 38.º, n.º 1, do CPT, implicando, sem mais, o decretamento da suspensão.

ART. 35.º
(Meios de prova)

1 – As partes podem apresentar qualquer meio de prova, sendo limitado a três o número de testemunhas.

2 – O tribunal pode, oficiosamente ou a requerimento fundamentado das partes, determinar a produção de quaisquer provas que considere indispensáveis à decisão.

---

1. Meios de prova

1.1. Admite-se que as partes indiquem todo o género de meios probatórios, posto que, atentas as circunstâncias que rodeiam o procedimento, seja prevalecente a prova documental correspondente ao processo disciplinar (que a entidade empregadora deve juntar, nos termos do art. 34.º, n.º 2, do CPT) ou às formalidades que antecederem a declaração de despedimento por outros motivos ou do despedimento colectivo (art. 34.º, n.º 3, do CPT).

1.2. Quanto à prova *testemunhal* a lei limita a três o número de testemunhas, regime mais restritivo do que aquele que decorre do art. 304.º, n.º 1, do CPC (aplicável também ao procedimento cautelar comum laboral, nos termos do art. 32.º do CPT), em que tal número é reportado a cada facto, com o limite máximo de 8 testemunhas.

1.3. No n.º 2 aflora o *princípio do inquisitório*. Em vez de o tribunal se limitar a apreciar os meios de prova que foram indicados por cada parte no requerimento inicial ou na oposição, pode investigar livremente.

O critério da investigação é aquele que o tribunal considerar adequado à situação. Ou seja, não está adstrito necessariamente às sugestões ou requerimentos das partes, podendo determinar, dentro das características e condicionantes dos procedimentos cautelares, as diligências que se revelem indispensáveis à decisão e que contribuam para a justa composição do litígio.

É claro que o procedimento cautelar de suspensão não pode confundir-se com o processo principal. Pela sua estrutura e função, implica uma celeridade incompatível com a excessiva pormenorização. Por outro lado, as diligências de prova não devem ajustar-se a juízos de absoluta segurança quanto a todos os aspectos, bastando-se a lei (pela qual o juiz se deve exclusivamente orientar) por juízos de verosimilhança e de séria probabilidade em relação aos aspectos fundamentais que importam à apreciação: provável verificação da existência de um contrato de trabalho subordinado, de uma situação de despedimento e da ilicitude desse despedimento.

ART. 36.º
(Audiência final)

1 – As partes devem comparecer pessoalmente na audiência final ou, em caso de justificada impossibilidade de comparência, fazer-se representar por mandatário com poderes especiais para confessar, desistir ou transigir.

2 – Na audiência, o juiz tentará a conciliação e, se esta não resultar, ouve as partes e ordena a produção da prova a que houver lugar, proferindo, de seguida, a decisão.

3 – Se a complexidade da causa o justificar, a decisão pode ser proferida no prazo de 8 dias, se não tiverem decorrido mais de 30 dias a contar da entrada do requerimento inicial.

4 – Requerida a impugnação judicial da regularidade e licitude do despedimento, aplica-se o disposto no n.º 3 do art. 98.º-F, sendo dispensada a tentativa de conciliação referida no n.º 2.

ART. 37.º
(Falta de comparência das partes)

1 – Na falta de comparência injustificada do requerente, ou de ambas as partes, sem que se tenham feito representar por mandatário com poderes especiais, a providência é logo indeferida.

2 – Se o requerido não comparecer nem justificar a falta no próprio acto, ou não se fizer representar por mandatário com poderes especiais, a providência é julgada procedente, salvo se tiver havido cumprimento do disposto nos n.ᵒˢ 2 e 3 do art. 34.º, caso em que o juiz decide com base nos elementos constantes dos autos e na prova que oficiosamente determinar.

3 – Se alguma ou ambas as partes faltarem justificadamente e não se fizerem representar por mandatário com poderes especiais, o juiz decide nos termos da segunda parte do número anterior.

ART. 38.º
(Falta de apresentação do processo disciplinar)

1 – Se o requerido não cumprir injustificadamente o disposto nos n.ᵒˢ 2 e 3 do art. 34.º, a providência é decretada.

2 – Se o não cumprimento for justificado até ao termo do prazo da oposição, o juiz decide com base nos elementos constantes dos autos e na prova que oficiosamente determinar.

---

1. Comparência das partes

1.1. As partes são *advertidas*[43] para comparecer pessoalmente ou, em caso de justificada impossibilidade, fazer-se representar por mandatário com poderes especiais,[44] situações em que o mandatário deve observar o disposto no art. 32.º, n.º 3, do CPT, informando-se dos termos em que eventualmente pode ser feita a conciliação.[45]

Se ambas as partes comparecerem ou se fizerem representar, realiza-se a audiência final, com produção das provas requeridas ou das diligências adicionais determinadas pelo tribunal.

---

[43] Advertência que decorre do art. 32.º, n.º 2, aplicável *ex vi* art. 33.º do CPT.

Quanto à forma de representação de *pessoas colectivas* o Ac. da Rel. de Lisboa, de 24-3-93, CJ, tomo II, pág. 159, e o Ac. da Rel. de Évora, de 3-4-01, CJ, tomo II, pág. 275, concluíram pela possibilidade de ser designada pessoa estranha à administração.

[44] Este mandatário será, em regra, o mandatário judicial, mas não existe obstáculo a que seja qualquer outra pessoa

[45] Trata-se de uma pura norma de aconselhamento de cujo incumprimento a lei não extrai qualquer efeito. ABÍLIO NETO considera-a uma norma programática "que reforça o dever de o mandatário obter previamente do mandante ou pertinentes instituições" (*CPT – anot.*, 4.ª ed., pág. 76).

Na falta de comparência *injustificada* do requerente,[46] ou de ambas as partes, sem que se tenham feito representar, a providência é logo indeferida.

A falta de comparência *injustificada* do requerido, sem se fazer representar, determina efeito cominatório pleno,[47] a não ser que tenha apresentado o procedimento disciplinar ou outra documentação, nos termos dos n.os 2 e 3 do art. 34.°, casos em que o tribunal julga a providência com base nos elementos constantes dos autos e na prova que porventura oficiosamente determinar.

Faltando *justificadamente* alguma ou ambas as partes, sem se fazerem representar por mandatário com poderes especiais, o juiz decide igualmente com base nos elementos constantes dos autos e na prova que determinar.

Os efeitos decorrentes da ausência injustificada ou da falta de representante apenas poderão ser excepcionalmente contrariados em situações de *justo impedimento*.[48]

A falta de comparência de qualquer das partes ou dos seus mandatários não é motivo de *adiamento* (art. 32.°, n.° 4, do CPT).

1.2. Da análise do regime emerge a regra da obrigatoriedade de *comparência pessoal* de cada uma das partes. A razão dessa previsão (sem embargo dos casos em que a falta seja considerada justificada) liga-se ao objectivo de sanar, preferencialmente por via consensual, o diferendo, o que é potenciado quando se estabelece o directo confronto entre os litigantes. Acrescem ainda os efeitos ao nível da formação da convicção sobre a razoabilidade dos factos alegados pelo requerente ou pelo requerido que podem ser alcançados através da audição de ambas as partes na audiência, nos termos do art. 36.°, n.° 2, do CPT.[49]

---

[46] É claro que a justificação tem que ser apresentada até ao início da audiência final, só assim se compreendendo que, na sua falta, o efeito cominatório seja "*logo*" declarado, como se prevê no n.° 1 do art. 37.° do CPT.

[47] Efeito que, à semelhança das situações em que falta o requerente, deve ser "*logo*" declarado, pelo que a justificação terá de ser necessariamente apresentada até ao início da audiência final.

[48] Cfr. FERREIRA DA SILVA, *Providências antecipatórias no processo do trabalho*, em *Questões Laborais*, n.° 15, pág. 77, nota 22.

[49] Cfr. ISABEL ALEXANDRE, *Princípios gerais do processo do trabalho*, em *Estudos do Instituto do Direito do Trabalho*, vol. III, pág. 434, quando enuncia os efeitos que podem decorrer da presença ou da ausência da parte.

Suspensão de despedimento 51

Ainda assim, inovando, o legislador admite que as partes se façam representar por mandatário com poderes especiais nos casos de justificada impossibilidade.

Porém, desde que a parte se faça representar por mandatário com poderes especiais, a lei não extrai qualquer outro efeito cominatório decorrente da falta de justificação da ausência ou da rejeição da justificação apresentada. Nem sequer se prevê a aplicação de qualquer multa, atento o disposto no art. 519.°, n.° 2, do CPC.[50]

Ressalva-se apenas a possibilidade de o juiz *valorar livremente* a falta injustificada da parte, nos termos do art. 519.°, n.° 2, 2.ª parte, do CPC. Sem embargo da intervenção do respectivo mandatário dotado de poderes especiais, a ausência injustificada da parte pode constituir uma das circunstâncias a atender pelo tribunal no momento de decidir, nos termos do art. 39.°, n.° 1, do CPT.

1.3. Decorre do art. 34.°, n.os 2 e 3, do CPT, que o requerido deve ser notificado para apresentar o *processo disciplinar* ou os *elementos documentais* que tenham servido para sustentar outros tipos de despedimento.[51]

Nos casos em que tenha havido processo disciplinar ou outro procedimento, a sua documentação constitui um acto imprescindível para o apuramento dos factos em que se funda a providência. Mas, tratando-se de elementos que, em regra, estão na exclusiva disponibilidade do empregador, mais do que a mera previsão da sua junção, foi aos efeitos reflexos da omissão injustificada que o legislador foi buscar a força indispensável à remoção dos obstáculos colocados em relação à sua apresentação.

---

[50] É verdade que, de acordo com o art. 2.°, al. h), da Lei de Autorização Legislativa (Lei n.° 76/09, de 13 de Agosto), estava aberta a porta para *"definir as consequências e cominação aplicável às partes em caso de falta de comparência injustificada"*. O certo é que o legislador, na concretização de tal preceito, apenas entendeu dever extrair consequências da falta injustificada da parte quando a mesma se não faça representar por mandatário com poderes especiais.

[51] A epígrafe do art. 38.° do CPT não corresponde inteiramente ao conteúdo do preceito que envolve não apenas a apresentação do procedimento disciplinar mas também, em relação a outras modalidades de despedimento, a apresentação da respectiva documentação.

Assim, atento o disposto no art. 38.º do CPT, sob pena de ser deferida a suspensão de despedimento, o requerido deve apresentar os elementos documentais ou, se for o caso, apresentar uma justificação atendível para a não apresentação, a qual ficará necessariamente sujeita a um critério rigoroso de apreciação por forma a impedir a utilização abusiva desta cláusula de salvaguarda.

O incumprimento injustificado de tal ordem importa o decretamento da providência (efeito cominatório pleno). Já se a falta de junção integral ou parcial for justificada até ao termo do prazo para a apresentação da oposição, isto é, até ao início da audiência final, o juiz decidirá de acordo com os elementos de que dispuser e dos meios de prova que oficiosamente ordenar.

2. Audiência final

2.1. A audiência inicia-se com a *tentativa de conciliação* das partes.

No entanto, nos casos em que a suspensão se reporte a despedimento individual a que corresponda a forma de processo especial prevista nos arts. 98.º-B e segs. do CPT, é dispensada a tentativa de conciliação, a qual é integrada na *audiência de partes* referida no art. 98.º-F, nos termos do art. 36.º, n.º 4, do CPT.

Sendo conseguida a conciliação, lavrar-se-á o respectivo auto, cumprindo ao juiz certificar-se tão só da capacidade das partes e da legalidade do resultado, nos termos do art. 52.º, n.º 1, do CPT.

2.2. Frustrando-se a conciliação, segue-se a *audição das partes* (ou dos seus representantes com poderes especiais).

Ora, considerando a prévia existência de tentativa de conciliação ou de audiência das partes, no âmbito da qual os interessados já terão deixado expressa as suas posições sobre os termos do litígio, à audição das partes deverá necessariamente ter outro objectivo, devendo traduzir-se no interrogatório de cada uma delas sobre a matéria controvertida.

Se da audição resultar a confissão de factos (necessariamente factos que prejudiquem a parte), deve o resultado ser exarado em acta, nos termos e para efeitos do art. 563.º, n.º 1, do CPC.

Ainda que não seja extraída qualquer declaração a que possa ser atribuído eficácia confessória, as respostas dadas perante o juiz não deixarão de ter utilidade enquanto elementos probatórios sujeitos à livre apreciação, enfim como *"circunstâncias relevantes"*, nos termos e para efeitos do disposto no art. 39.º, n.º 1, do CPT.

Suspensão de despedimento 53

2.3. Segue-se a produção das demais provas a que houver lugar, maxime à inquirição das testemunhas que tenham sido indicadas ou que o tribunal considere pertinente ouvir.

O tribunal não está obrigado a realizar todas as *diligências de prova* requeridas, mas só aquelas que, de acordo com um critério de razoabilidade, se mostrem indispensáveis para que seja proferida uma decisão onde, sob o signo da séria probabilidade ou verosimilhança, se conjuguem os vectores da celeridade e da segurança.

À *celeridade* apela não apenas a natureza intrínseca dos procedimentos cautelares como ainda, de modo mais firme, a necessidade de a decisão final ser proferida no prazo máximo de 30 dias a contar da entrada do requerimento (art. 36.°, n.° 3, do CPT). Quanto à *segurança*, é ao juiz que caberá aquilatar, de acordo com as circunstâncias, quais as diligências que se revelam necessárias para evitar uma decisão inadequada no que respeita à afirmação ou negação do direito invocado.

Trata-se de uma esfera de actuação do juiz em que se pode justificar o recurso a *presunções judiciais*, nos termos do art. 351.° do CC, quer para superar lacunas de conhecimento, quer para melhor integrar os depoimentos prestados, à luz das regras da experiência.

2.4. Os depoimentos oralmente prestados poderão ser *registados* se alguma das partes o requerer, nos termos do art. 304.°, n.° 3, *ex vi* art. 384.°, n.° 3, do CPC, e arts. 32.° e 33.° do CPC. E sê-lo-ão ainda sempre que, em casos naturalmente excepcionais, o procedimento corra à revelia do requerido por não ter sido possível a sua citação pessoal (art. 386.°, n.° 4, do CPC).

O registo dos depoimentos será tanto mais útil quanto é certo que sendo sempre admissível recurso de apelação da decisão final, a parte vencida terá a faculdade de impugnar a decisão da matéria de facto que porventura tenha sido fundada total ou parcialmente em prova oralmente produzida, nos termos dos arts. 685.°-B e 712.° do CPC.

2.5. Em *termos esquemáticos*, a audiência na qual compareçam ou estejam representadas ambas as partes processar-se-á do seguinte modo:

a) Verificação da presença de cada uma das partes ou avaliação dos motivos apresentados para justificar a ausência;

b) Apresentação pelo requerido do articulado de oposição, com alegação dos meios de defesa e indicação dos meios de prova, se acaso a mesma não foi anteriormente apresentada;

c) Apresentação pelo requerido do procedimento disciplinar ou dos documentos comprovativos do cumprimento das formalidades exigidas para as demais modalidades de despedimento, se acaso não tiverem sido anteriormente apresentados;

d) Realização da tentativa de conciliação das partes, a qual será substituída pela audiência das partes, nos termos dos arts. 98.º-F e 98.º-I nos casos em que a suspensão se reporte a despedimentos a que seja aplicável a forma de processo especial dos arts. 98.º-B e segs. do CPT;

e) Obtida a conciliação (por transacção, desistência ou confissão), exarar-se-á em auto, verificando o juiz a capacidade das partes e a legalidade do resultado;

f) Frustrada a conciliação, procede-se à audição das partes;

g) Segue-se a produção de prova, designadamente com inquirição das testemunhas e realização de outras diligências que o juiz considere indispensáveis para a decisão;

h) Prolação da decisão da matéria de facto, com enunciação dos factos que o juiz considera provados e não provados,[52] com apreciação crítica dos meios de prova, de modo que transpareçam as razões que o levaram a concluir de certa forma;[53]

i) Segue-se a respectiva integração jurídica, em decisão sucinta que ficará exarada em acta;

j) Excepcionalmente admite-se que a decisão seja proferida no prazo de 8 dias, desde que não seja excedido o prazo de 30 dias desde a apresentação do requerimento inicial.

---

[52] Cfr. o Ac. da Rel. de Coimbra, de 4-4-01, CJ, tomo II, pág. 61, e o Ac. da Rel. do Porto, de 10-1-05 (*www.dgsi.pt*) sobre o dever de enunciar os factos provados e não provados.

[53] Sobre esta matéria cfr. ABRANTES GERALDES, *Temas da Reforma do Processo Civil*, vol. II, 4.ª ed., no Capítulo sobre a decisão da matéria de facto, e também no vol. III, 4.ª ed. (*Procedimento Cautelar Comum*), em anotação ao art. 386.º do CPC, e ALBINO MENDES BATISTA, *Processo laboral e julgamento da matéria de facto*, em *Temas do Direito do Trabalho e Direito Processual do Trabalho*, págs. 241 e segs.

ART. 39.º
(Decisão final)

1 – A suspensão é decretada se o tribunal, ponderadas todas as circunstâncias relevantes, concluir pela probabilidade séria de ilicitude do despedimento, designadamente quando conclua:

a) Pela provável inexistência de processo disciplinar ou pela sua provável nulidade;

b) Pela provável inexistência de justa causa; ou

c) Nos casos de despedimento colectivo, pela provável inobservância das formalidades constantes do art. 383.º do Código do Trabalho.

2 – A decisão sobre a suspensão tem força executiva relativamente às retribuições em dívida, devendo o empregador, até ao último dia de cada mês subsequente à decisão, juntar documento comprovativo do seu pagamento.

3 – A execução, com trato sucessivo, segue os termos do art. 90.º, com as necessárias adaptações.

---

1. Decisão final

1.1. Qualquer decisão de mérito pressupõe a verificação dos *pressupostos processuais* fundamentais, o mesmo é dizer a ausência de excepções dilatórias determinantes da absolvição da instância.

Por isso, se o juiz verificar neste momento a falta desses pressupostos, deverá extrair os efeitos projectados pela lei adjectiva, como sucederá quando porventura se constate a incompetência absoluta do tribunal ou a ilegitimidade singular activa ou passiva.

1.2. Quando a lei adjectiva atribui *efeitos cominatórios* a determinados comportamentos processuais, o juiz praticamente limita-se a declará-los, sem se pronunciar sobre os aspectos de ordem substancial ou formal.

Assim acontece, nos termos do art. 37.°, n.ᵒˢ 1 e 2, do CPT, quando se verifique a falta injustificada de alguma ou de ambas as partes, sem se fazer representar por mandatário dotado de poderes especiais. Outrossim quando tiver sido omitido o dever de cooperação relativamente à junção do processo disciplinar que porventura tenha sido tramitado ou da documentação comprovativa do cumprimento das formalidades de que dependem outras modalidades de despedimento, de acordo com o art. 38.°, n.° 1, do CPT.

Nas demais situações em que a decisão final deva ser o resultado da apreciação dos argumentos e dos meios de prova apresentados, cabe ao tribunal formular o *juízo de probabilidade* que se ajustar ao caso concreto.

Para o efeito, importa sobremaneira a apreciação da prova documental, tanto mais que, como o determina o art. 387.°, n.° 3, do Cód. do Trabalho,[54] apenas podem ser invocados (e valorados) factos e fundamentos constantes da decisão de despedimento comunicada ao trabalhador.

Ainda assim, pode revelar-se essencial a apreciação de prova testemunhal ou outros meios de prova quando se trate, por exemplo, de aferir, em termos de probabilidade, a inexistência de justa causa invocada, a inexistência dos fundamentos apresentados para as demais modalidades de despedimento, a existência de uma situação de despedimento não formalizado ou a existência de um contrato de trabalho.

1.3. A convicção do tribunal sobre os fundamentos da suspensão deve ser formada a partir do confronto entre o requerimento inicial e a oposição, em conjugação com o resultado da audição das partes e a apreciação dos meios de prova que tiverem sido produzidos.

A apreciação da prova testemunhal, designadamente quando o despedimento se funde em factos imputáveis ao trabalhador, deve ser rodeada dos cuidados ajustados às circunstâncias. Com efeito, pode revelar-se difícil para o trabalhador a indicação ou apresentação de testemunhas que aceitem depor com total isenção e liberdade, tendo em conta a relação de dependência ou o receio de eventuais represálias. Noutra perspectiva, não está afastada a possibilidade de a credibilidade dos depoimentos ser prejudicada por alguma relação de solidariedade que se estabeleça com o requerente.

---

[54] Apesar de se reportar apenas à acção principal, parece evidente que a mesma restrição se aplica ao procedimento cautelar.

A todos esses aspectos deve o juiz estar atento, sendo para efeitos de controlo da veracidade dos factos que se mostra relevante o confronto entre os depoimentos testemunhais e os elementos documentais apresentados ou a audição de ambas as partes. Ante o risco acentuado de perjúrio em favor de qualquer das partes, deve ser atribuído especial relevo aos meios de prova objectivos, *maxime* aos que decorrem do processo disciplinar ou das outras diligências que tenham antecedido a efectivação do despedimento. Pode ainda justificar-se o accionamento de poderes oficiosos no sentido de ouvir pessoas não arroladas ou obter elementos que não tenham sido apresentados.

1.4. Determina o art. 39.°, n.° 1, do CPT, que o juiz deve ponderar todas as *circunstâncias relevantes*. Trata-se de um preceito dispensável, pois é óbvio, por um lado, que ao juiz, no momento em que tem de proferir a decisão sobre o litígio, "só" cabe ponderar as circunstâncias relevantes, sendo que, por outro lado, "deve" ponderar todas essas circunstâncias. No limite, a norma destina-se a acentuar a necessidade de se atentar não apenas em elementos de natureza formal, mas também nos comportamentos das partes ou dos demais intervenientes, por forma a aferir o grau de probabilidade quanto à verificação dos pressupostos da providência.

Qualquer decisão cautelar, sem exclusão da suspensão de despedimento, depende da formulação de um juízo positivo ou negativo de verosimilhança relativamente aos factos relevantes. O pressuposto fundamental da suspensão traduz-se na percepção, em termos de *séria probabilidade*, da verificação de uma situação de despedimento ilícito, ilicitude essa que, consoante os casos, pode apresentar-se sob diversas formas.[55]

O elenco das condições legais não é taxativo, implicando sempre a análise de cada tipo de despedimento e a verificação das formalidades ou dos requisitos que foram desrespeitados.

1.5. A lei não estabelece qualquer regra específica relativa ao *ónus da prova*.[56] Deste modo, para além daquilo que emerge do art. 38.° do

---

[55] Cfr. ABRANTES GERALDES, *Temas da Reforma do Processo Civil*, vol. III, 4.ª ed. *(Procedimento Cautelar Comum)*, em anotação ao art. 387.° do CPC.

[56] Porém, no que concerne a membros de estruturas sindicais, importa considerar especialmente o que disposto no art. 410.°, n.° 4, do Cód. do Trabalho, nos termos do qual *"a providência cautelar de suspensão de despedimento de traba-*

CPT, quanto à junção de documentos por parte do requerido, é de aplicar a regra geral, que também vigora nos procedimentos cautelares, que faz recair tal ónus sobre a parte que invoca o direito, *in casu*, o direito potestativo de suspensão do despedimento (art. 342.º, n.º 1, do CC).[57]

O ónus da prova é perspectivado em termos objectivos. A convicção do tribunal forma-se a partir dos meios de prova apresentados, independentemente da parte que promoveu a sua produção, só a final se extraindo consequências ligadas à referida distribuição do ónus da prova.

Adquirida a convicção acerca da séria probabilidade dos pressupostos, será decretada a suspensão. Não se atingindo esse patamar ou perante uma situação de dúvida razoável acerca da verificação dos factos relevantes, impõe-se o indeferimento da providência.

1.6. A suspensão de despedimento depende, desde logo, da verificação da existência de um *"contrato de trabalho"*, ainda que afirmado a partir da utilização das presunções legais constantes do art. 12.º do Cód. do Trabalho.

Em segundo lugar, pressupõe uma situação de *"despedimento"*, de forma a eliminar outras formas de cessação do contrato de trabalho.

A verificação destes requisitos primordiais é fácil e imediata quando se trata de despedimentos formalizados. Maiores dificuldades se suscitam naqueles casos em que o requerente invoque uma situação de *despedimento objectivo* ou *despedimento de facto* que não tenha sido antecedido de qualquer procedimento formal, ou naqueles casos em que o requerido impugne a existência de qualquer despedimento e invoque a extinção do contrato por iniciativa do trabalhador.

É para estes efeitos que ganha relevo o Ac. de Uniformização de Jurisprudência n.º 1/03, de 12 de Novembro, segundo o qual:

---

lhador membro de estrutura de representação colectiva de trabalhadores só não é decretada se o tribunal concluir pela existência de probabilidade séria de verificação da justa causa invocada". E quanto a trabalhadora grávida, lactante ou puérpera e a trabalhador em gozo de licença parental releva em especial o n.º 7 do art. 63.º do Cód. do Trabalho onde se estipula que *"a suspensão judicial do despedimento só não é decretada se o parecer for favorável ao despedimento e o tribunal considerar que existe probabilidade séria de existência de justa causa"*.

[57] Já quanto à invocação do *abandono* como fundamento de extinção do contrato de trabalho, importa verificar que o art. 403.º do Cód. do Trabalho não prescinde de um determinado formalismo para que o empregador possa invocar tal facto.

Suspensão de despedimento 59

1. *O trabalhador despedido (individual ou colectivamente) pode socorrer-se do procedimento cautelar de suspensão do despedimento desde que esta seja a causa invocada pela entidade patronal para a cessação da relação laboral ou, na sua não indicação, se configure a verosimilhança de um despedimento.*
2. *Os meios de prova consentidos pelos arts. 35.º e 43.º do CPT destinam-se a fundar a verosimilhança necessária para a concessão da providência cautelar de suspensão de despedimento.*[58]

Com este acórdão de uniformização ficou de algum modo prejudicada a corrente jurisprudencial de pendor mais rigorista, segundo a qual a suspensão do despedimento apenas poderia ser decretada se se apurasse, em termos inequívocos, a existência de um contrato de trabalho e de uma situação de despedimento.

Assim se compreendem as novas regras em relação aos meios de prova admissíveis, a sugerir uma maior amplitude para a matéria de facto susceptível de ser discutida.[59]

---

[58] Sobre a comprovada existência de um *contrato de trabalho* cfr. o Ac. da Rel. de Lisboa, de 22-5-02, CJ, tomo III, pág. 154, ou o Ac. da Rel. de Coimbra, de 22-1-04, CJ, tomo I, pág. 57.

Relativamente a contrato afectado por *nulidade*, cfr. o Ac. da Rel. do Porto, de 16-12-85, CJ, tomo V, pág. 215.

Nos Acs. da Rel. de Lisboa, de 21-4-93, CJ, tomo III, pág. 166, e de 26-6-02, CJ, tomo III, pág. 164, declarou-se a inaplicabilidade do procedimento a situações emergentes do contrato de trabalho de *serviço doméstico*.

Quanto à situação de *despedimento* cfr. o Ac. da Rel. de Lisboa, de 16-6-99, CJ, tomo III, pág. 172. E sobre a admissibilidade da providência perante *despedimento de facto*, cfr. o Ac. da Rel. de Lisboa, de 6-5-02, *www.dgsi.pt*.

Excluem-se do âmbito da providência situações emergentes da simples *caducidade* do contrato de trabalho (Acs. da Rel. de Lisboa, de 14-11-01, CJ, tomo V, pág. 158, e de 10-11-92, CJ, tomo V, pág. 283, Ac. da Rel. de Évora, de 13-4-93, CJ, tomo II, pág. 298, e Ac. da Rel. de Coimbra, de 3-4-03, CJ, tomo II, pág. 60).

[59] ABÍLIO NETO continua a defender, no entanto, que a suspensão de despedimento só pode ser requerida e concedida quando seja indiscutível a existência de um contrato de trabalho a verificação de um despedimento-sanção ou de um despedimento por causas objectivas, afastando a possibilidade de discutir a natureza do contrato, a sua extinção por caducidade ou os despedimentos indirectos (*CPT anot.*, 4.ª ed., pág. 88).

1.7. É verdade que o art. 39.°, n.° 1, do CPT, quando alude ao juízo de *séria probabilidade*, apenas se reporta explicitamente à ilicitude do despedimento. Mas tal não significa que quanto aos demais pressupostos de facto se imponha um juízo de certeza que, aliás, não está consagrado para qualquer das providências específicas, nem sequer para as providências não especificadas sujeitas, em todas as suas vertentes, a um juízo de séria probabilidade, como decorre do art. 387.°, n.° 1, do CPC, *ex vi* art. 32.° do CPT.

Uma tal exigência determinaria para o requerente dificuldades em satisfazer o ónus da prova naquelas situações geradoras de maior insegurança, pois que à alegação do contrato de trabalho ou de uma situação de despedimento bastaria ao empregador responder com a negação de tal vínculo jurídico ou com a alegação de que foi o requerente quem se desvinculou do contrato de trabalho.

Por conseguinte, na ausência de uma norma que coloque os pressupostos materiais da suspensão de despedimento num patamar superior da escala de valoração, devem sujeitar-se, como os demais requisitos, ao juízo de verosimilhança co-natural da tutela cautelar. Todos os referidos aspectos deverão ser ponderados, de acordo com as posições adoptadas pelas partes e os elementos probatórios recolhidos, dentro dos naturais condicionalismos dos procedimentos cautelares (simplicidade, celeridade, sumariedade, verosimilhança, etc.).[60]

Assim, se em relação a alguns dos factos relevantes pode ser possível a afirmação segura da sua verificação (*v.g.* quanto ao contrato de tra-

---

[60] Assim sucede, por exemplo, com o arresto que, além da prova do justo receio, pressupõe o apuramento de um crédito a favor do requerente, o que nem sempre decorre com clareza dos autos. Outrossim em relação ao arbitramento de reparação provisória, quanto à prova do direito de indemnização, ou com a restituição da posse, no que respeita ao apuramento de uma situação de posse e de esbulho. Em qualquer destes casos, o tribunal, conquanto em sede de procedimentos cautelares, não deixa de averiguar, através de elementos de prova imprecisos ou contraditórios, os factos pertinentes para cada uma das referidas providências.

Não há, assim, razão para excluir do âmbito da suspensão de despedimento pretensões dependentes do apuramento de factos que não digam apenas respeito à ilicitude do despedimento, deixando de fora a apreciação de situações em que é questionada a existência de contrato de trabalho ou a existência de uma verdadeira situação de despedimento.

Suspensão de despedimento 61

balho tenha sido reduzido a escrito ou quanto à existência ou inexistência de processo disciplinar ou das formalidades que precederam a declaração de despedimento), em relação a outros o tribunal deverá formar a sua convicção e expressá-la através de critérios de séria probabilidade concretamente ajustados a cada situação, reportando esse juízo ao pedido de impugnação da regularidade ou licitude do despedimento que constitui o objecto da acção principal.

1.8. Revelando-se inviável a afirmação da *séria probabilidade* quanto à ilicitude do despedimento, a providência é indeferida, mantendo-se a situação de facto, ainda que tal decisão não deva exercer qualquer influência na acção principal, como o determina o art. 383.º, n.º 4, do CPC.

A formulação do juízo de séria probabilidade quanto à ilicitude do despedimento, por qualquer dos fundamentos formais ou materiais previstos nos arts. 381.º a 385.º do Cód. do Trabalho, determina, por si, o deferimento da providência de suspensão, reconstituindo-se provisoriamente a situação quebrada pelo despedimento, com a reintegração do trabalhador na empresa e a retoma dos respectivos salários.

Se tiver sido requerida a aplicação de *sanção pecuniária compulsória*, cumprirá ao juiz analisar os respectivos pressupostos, sendo seguro que tal instrumento pode assegurar a efectividade da providência decretada, ao menos na parte em que determine a retoma das funções do trabalhador.

A sanção traduzir-se-á na condenação do devedor no pagamento de uma quantia pecuniária variável, de acordo com as circunstâncias, por cada dia de atraso, revertendo o quantitativo, em partes iguais, para o interessado e para o Estado.[61]

2. Decisão final – concretização

2.1. Em relação a *todos os tipos de despedimento*, de acordo com critério de séria probabilidade, a suspensão será decretada nas seguintes situações a que se reporta o art. 381.º do Cód. do Trabalho:[62]

a) Despedimento devido a motivos políticos, ideológicos, étnicos ou religiosos, ainda que sob a capa de motivo diverso;

---

[61] Cfr. o Ac. do STJ, de 27-9-01, CJSTJ, tomo III, pág. 41.

[62] Nos termos do art. 410.º, n.º 4, do Cód. do Trabalho, *"a providência cautelar de suspensão de despedimento de trabalhador membro de estrutura de representação colectiva de trabalhadores só não é decretada se o tribunal concluir pela existência de probabilidade séria de verificação da justa causa invocada"*.

b) Improcedência do fundamento invocado para o despedimento individual (justa causa, extinção do posto de trabalho, inadaptação às funções) ou para o despedimento colectivo;

c) Omissão do procedimento que legalmente deve anteceder cada tipo de despedimento;

d) Em relação a trabalhadora grávida, puérpera ou lactante ou a trabalhador em gozo de licença parental, a falta do parecer prévio referido na al. d).[63]

2.2. Em relação ao despedimento por *facto imputável ao trabalhador*, quando, de acordo com o mesmo critério, se verificar a sua ilicitude (incluindo a invalidade), atentos os motivos consignados na lei:

a) Inexistência de justa causa, nos termos que resultam a definição genérica e das especificações constantes do art. 351.º do Cód. do Trabalho, matéria profusamente tratada na jurisprudência e na doutrina;[64]

b) Prescrição do poder disciplinar ou do procedimento disciplinar, pelo decurso de algum dos prazos referidos no art. 329.º, n.ºs 1 e 2 do Cód. do Trabalho;

c) Inexistência de processo disciplinar;

d) Nulidade do processo disciplinar com fundamento na falta de nota de culpa, na falta de descrição circunstanciada dos factos imputados ao trabalhador, na falta de comunicação da intenção de despedir juntamente com a nota de culpa, na falta de acesso do trabalhador ao processo disciplinar, no desrespeito do direito do trabalhador de responder à nota de culpa ou no desrespeito do prazo legal para a resposta à nota de culpa;

---

[63] Nos termos do n.º 7 do art. 63.º do Cód. do Trabalho, "*a suspensão judicial do despedimento só não é decretada se o parecer for favorável ao despedimento e o tribunal considerar que existe probabilidade séria de existência de justa causa*".

[64] Cfr. o Ac. da Rel. de Évora, de 23-5-00, CJ, tomo III, pág. 288, os Acs. da Rel. de Coimbra, de 14-11-89, CJ, tomo V, pág. 97, e de 26-1-88, CJ, tomo I, pág. 96, e o Ac. da Rel. do Porto, de 17-12-90, BMJ 402.º/670.

Nos termos do art. 410.º, n.º 3, do Cód. de Trabalho, *presume-se* feito sem justa causa o despedimento de trabalhador candidato a membro de qualquer dos corpos sociais de associação sindical ou que haja exercido funções nos mesmos corpos sociais há menos de três anos. Cfr. o Ac. da Rel. do Porto, de 8-5-08, CJ, tomo III, pág. 222.

Suspensão de despedimento

e) Comunicação ao trabalhador da decisão ou dos seus fundamentos que não tenha sido feita por escrito ou que não tenha sido elaborada de acordo com o disposto nos arts. 357.°, n.° 4, ou 358.°, n.° 2, do Cód. do Trabalho.

Nos termos do n.° 4 do art. 387.° do Cód. do Trabalho, *"em casos de apreciação judicial de despedimento por facto imputável ao trabalhador, sem prejuízo da apreciação dos vícios formais, o tribunal deve sempre pronunciar-se sobre a verificação e procedência dos fundamentos invocados para o despedimento"*. Porém esta norma não é de aplicar no procedimento cautelar, onde apenas se pede ao juiz que formule um juízo de probabilidade sobre a existência de *despedimento ilícito*, e não que afirme, mesmo em termos de probabilidade, a sua licitude.

2.3. Em relação ao despedimento por *extinção do posto de trabalho*, quando, de acordo com o mesmo critério, se verificar a sua ilicitude decorrente das seguintes circunstâncias tipificadas:

a) O despedimento não cumpre os requisitos do art. 368.°, n.° 1, do Cód. do Trabalho;

b) Desrespeita os critérios de concretização dos postos de trabalho a extinguir, nos termos do art. 368.°, n.° 2, do Cód. do Trabalho;

c) Foram omitidas as comunicações referidas no art. 369.° do Cód. do Trabalho;

d) Faltou a colocação à disposição do trabalhador até ao termo do prazo de aviso prévio, dos créditos referidos no art. 366.° do Cód. do Trabalho e dos vencidos e exigíveis pela cessação do contrato.[65]

---

[65] No Ac. da Rel. de Lisboa, de 15-12-05 considerou-se que constituía *abuso de direito* a invocação da ilicitude do despedimento por extinção do posto de trabalho numa situação em que, por mero erro de cálculo, não foi posta à disposição a quantia exacta, faltando apenas € 215,25.

Por seu lado, no Ac. do STJ, de 9-7-98, CJSTJ, tomo II, pág. 297, concluiu-se que "no caso de dúvidas aceitáveis quanto ao montante da importância da «compensação devida» posta à disposição do trabalhador, designadamente na contagem do tempo de serviço, não se pode verificar a nulidade da cessação, havendo apenas lugar à reposição do que falta para completar o montante exacto da mencionada «compensação devida»".

2.4. Em relação ao despedimento por *inadaptação*, quando, de acordo com o mesmo critério, se verificar a sua ilicitude com os seguintes fundamentos:

a) Não cumpre os requisitos do art. 375.°, n.° 1, do Cód. do Trabalho;

b) Faltaram as comunicações previstas no art. 376.° do Cód. do Trabalho;

c) Não foram colocados à disposição do trabalhador, até ao termo do prazo de aviso prévio, os créditos referidos no art. 366.° do Cód. do Trabalho e os vencidos e exigíveis pela cessação do contrato.

2.5. Finalmente, em relação ao *despedimento colectivo*, a suspensão será decretada se, de acordo com o critério de probabilidade, se verificar a sua ilicitude com os seguintes fundamentos:[66]

a) Falta da comunicação prevista no art. 360.°, n.° 1, do Cód. do Trabalho, ou da promoção da negociação a que se reporta o art. 361.°, n.° 1, do Cód. do Trabalho;

b) Inobservância do prazo previsto no art. 363.°, n.° 1, do Cód. do Trabalho, para decidir o despedimento;

c) Falta de colocação à disposição do trabalhador, até ao termo do prazo de aviso prévio, dos créditos referidos no art. 366.° do Cód. do Trabalho e dos vencidos e exigíveis pela cessação do contrato.[67]

3. Outras questões

3.1. Ao invés do que está previsto no n.° 1 do art. 387.° do CPC, ao deferimento da suspensão são alheios os aspectos ligados à *gravidade da lesão* que a suspensão visa evitar, assim como os atinentes aos efeitos que

---

[66] Cfr. os Acs. da Rel. de Lisboa, de 13-12-07, de 25-3-09 e de 16-7-09, e os Acs. da Rel. do Porto, de 15-7-09 e 29-6-09, *www.dgsi.pt*. Cfr. ainda CHAMBEL MOURISCO, *A Suspensão do despedimento colectivo, comunicações, informações e negociações,* no *Prontuário do Direito do Trabalho*, n.os 79.°, 80.° e 81.°, págs. 303 e segs..

[67] Importa considerar o que consta do art. 366.°, n.° 4, do Cód. do Trabalho, segundo o qual se presume que "*o trabalhador aceita o despedimento quando recebe a compensação prevista neste artigo*". Sobre esta presunção cfr. o Ac. da Rel. de Lisboa, de 5-3-08, *www.dgsi.pt*.

Suspensão de despedimento 65

a suspensão do despedimento determina na esfera do empregador. É indiferente para o decretamento da providência que o requerente disponha ou não de meios económicos para se sustentar ou de outra alternativa para desempenhar as mesmas ou outras funções.

Também não relevam para a decisão eventuais prejuízos que a decisão de suspensão determine na esfera do requerido.

É verdade que, em determinadas situações, a sentença a proferir na acção principal deverá ponderar outros aspectos, nos casos em que se trate de microempresa ou de trabalhador que ocupe cargo de administração ou de direcção, nos termos do art. 392.°, n.° 1, do Cód. do Trabalho. Mas tal solução não é aplicável no âmbito da suspensão de despedimento cujos efeitos apenas podem ser evitados mediante a interposição de recurso de apelação a que seja atribuído efeito suspensivo, nos termos do art. 40.°, n.° 2, do CPT.

3.2. Revela-se incompatível com a natureza e objectivos da suspensão de despedimento fazer depender o seu decretamento da *prestação de caução* por parte do requerente.

Aliás, o art. 390.°, n.° 2, do CPC, apenas é aplicável, por expressa opção do legislador, aos procedimentos de arresto e embargo de obra nova, nos termos do art. 392.°, n.° 2, do CPC.[68]

3.3. Nos termos do art. 32.°, n.° 1, al. c), do CPT, aplicável à suspensão de despedimento, a *decisão* é sucintamente fundamentada e ditada para a acta, sem embargo de, em situações de maior complexidade, poder aguardar o prazo de 8 dias se, porventura, ainda não tiverem decorrido mais de 30 dias a contar do requerimento inicial (art. 36.°, n.° 3, do CPT).

3.4. O juiz deve pronunciar-se sobre o *valor do procedimento*, nos termos do art. 315.°, n.° 2, do CPC, assim como deve pronunciar-se sobre as *custas*, ponderando para tal o disposto nos arts. 453.°, n.° 1, e 659.°, n.° 4, do CPC.

Pode revelar-se ainda justificada a apreciação da actuação das partes enquadrada no instituto da *litigância de má fé*, nos temos dos arts. 456.° e

---

[68] Cfr. ABRANTES GERALDES, *Temas da Reforma do Processo Civil*, vol. III, 4.ª ed. *(Procedimento Cautelar Comum)*, em anotação ao art. 390.° do CPC.

Suspensão de Despedimento

segs., ou simplesmente para efeitos de aplicação de *taxa sancionatória excepcional* prevista no art. 447.°-B do CPC.

3.5. A decisão final deve ser notificada às partes e respectivos mandatários, nos termos do art. 24.°, n.° 1, do CPT.

4. Efeitos da decisão

4.1. A providência cautelar de suspensão constitui uma decisão que *implicitamente* contém a condenação do requerido no pagamento de determinadas prestações, assim como na prestação de facto ligado à reintegração do trabalhador.[69]

Não se justifica uma interpretação restritiva ou literal do preceituado no art. 39.° do CPT, por forma a excluir dos efeitos da medida cautelar a reintegração na empresa. Na verdade, a alusão feita no n.° 2 à exequibilidade da decisão no que respeita às retribuições em dívida, isto é, às retribuições que deixaram de ser pagas depois de ordenado o despedimento, é meramente clarificadora de uma dúvida inerente a todo o género de decisões de natureza constitutiva e que não contenham em si uma expressa condenação.

Porém, tal especificação, não afasta a amplitude da decisão para da mesma extrair o outro efeito da suspensão de despedimento. Sendo uma medida de natureza *antecipatória* dependente da formulação de um juízo de ilicitude sobre a declaração de despedimento, dela naturalmente decorre a necessidade de ser repristinada a situação de facto anterior ao despedimento provavelmente ilícito.

Se o requerido acaso pretender paralisar o efeito de reintegração, resta-lhe a alternativa de recorrer da decisão, efectuando simultaneamente o depósito de numerário a que se refere o art. 40.°, n.° 2, do CPT, a fim de ser atribuído ao recurso efeito suspensivo.

4.2. Nos termos do n.° 3 do art. 39.° do CPT, o requerido deve comprovar até ao fim de cada mês o *pagamento das retribuições*.[70]

Tal preceito deve conjugar-se com o disposto no art. 98.°-N que, na decorrência do previsto na lei substantiva, veio limitar temporalmente a

---

[69] Cfr. o Ac. do STJ, de 23-4-98, CJSTJ, tomo II, pág. 265.

[70] Cfr. o Ac. do STJ, de 22-6-05, CJSTJ, tomo II, pág. 266.

responsabilidade do empregador no que respeita ao pagamento das retribuições na pendência da acção de impugnação do despedimento.

A decisão constitui título suficiente para obter o cumprimento coercivo do pagamento dos salários vencidos e vincendos. Mas constituirá igualmente título executivo para efeitos de efectiva reintegração, se acaso esta não tiver sido acatada pelo requerido nem sequer com a imposição de sanção pecuniária compulsória.

4.3. A suspensão de despedimento não pode ser substituída por *caução*, nos termos do art. 387.º, n.º 3, do CPC.

Para além de na suspensão de despedimento estarem em causa aspectos que excedem os interesses puramente patrimoniais, o art. 40.º, n.º 2, do CPT, contém em si uma solução tendente a compatibilizar, na medida do possível, os interesses de ambas as partes, admitindo que o recurso interposto tenha efeito suspensivo se o requerido depositar a quantia correspondente a seis meses de retribuição.[71]

4.4. É aplicável a norma do art. 391.º do CPC que qualifica como crime de *desobediência qualificada* a infracção de providência decretada, o que se pode revelar importante para a efectividade da medida.

---

[71] Cfr. ABRANTES GERALDES, *Temas da Reforma do Processo Civil*, vol. III, 4.ª ed. *(Procedimento Cautelar Comum)*, em anotação ao art. 387.º do CPC.

ART. 40.º
(Recurso)

1 – Da decisão final cabe sempre recurso de apelação para a Relação.

2 – O recurso tem efeito meramente devolutivo, mas ao recurso da decisão que decretar a providência é atribuído efeito suspensivo se, no acto de interposição, o recorrente depositar no tribunal a quantia correspondente a seis meses de retribuição do recorrido, acrescida das correspondentes contribuições para a segurança social.

3 – Enquanto subsistir a situação de desemprego pode o trabalhador requerer ao tribunal, por força do depósito, o pagamento da retribuição a que normalmente teria direito.

---

1. Recurso de apelação

1.1. A decisão que julgue *improcedente* a suspensão é sempre passível de recurso quanto à matéria de facto ou quanto à aplicação do direito.

O recurso é de apelação, a interpor no prazo de 10 dias (acrescido de 10 dias se for impugnada a decisão da matéria de facto com base em prova gravada).

Tem efeito suspensivo e sobe nos próprios autos (arts. 79.º-A, n.º 2, al. i), 80.º, n.º 2, 83.º, n.º 3, e 83.º-A, n.º 1, do CPT).

1.2. A decisão que *decrete a providência* também admite sempre recurso independentemente do valor do procedimento.

O recurso é de apelação, a interpor no prazo de 10 dias (acrescido de 10 dias se for impugnada a decisão da matéria de facto com base em prova gravada), com subida em separado (art. 83.º-A, n.º 2, do CPT).

70 Suspensão de Despedimento

Tem, em regra, efeito meramente devolutivo, o que implica a imediata produção de efeitos quer em relação à reintegração, quer em relação ao pagamento das retribuições e demais direitos que tenham sido afectados pelo despedimento.

Mas a lei admite que ao recurso seja atribuído *efeito suspensivo*, desde que no acto de interposição, e não depois,[72] o recorrente deposite à ordem do tribunal a quantia correspondente a seis meses de retribuição e correspondentes contribuições para a segurança social.

Entendeu-se que este período de garantia salarial é suficiente para permitir a resolução definitiva da providência cautelar, deste modo se compatibilizando os interesses de ambas as partes.[73]

Se o requerente trabalhador estiver em situação de desemprego, pode solicitar ao tribunal a entrega das prestações em cada um dos meses em que se mantiver nessa situação.

1.3. O recurso pode ter como objecto apenas a matéria de direito, quando o recorrente se limita a discordar da qualificação jurídica dos factos apurados, ou abarcar também a matéria de facto se acaso a discordância de verificar em relação à apreciação que foi feita dos meios de prova produzidos.

Se acaso tiver sido gravada a prova oralmente produzida, nos termos do art. 304.º, n.º 3, do CPC, a impugnação da decisão da matéria de facto deve atender ao que especificamente está previsto no art. 685.º-B do CPC.

1.4. Sendo confirmada a decisão cautelar, aguardar-se-á pelo resultado da acção principal de impugnação do despedimento.

Sendo revogada a decisão, tal significa que deixam de subsistir os efeitos decorrentes da execução da decisão da 1.ª instância. Ainda assim, se acaso o requerente tiver entretanto recebido quantias a título de retribuição ou por conta da quantia depositada pelo requerido para obter o efeito suspensivo, não estará obrigado à sua restituição.

---

[72] Cfr. o Ac. da Rel. de Lisboa, de 8-2-01, CJ, tomo I, pág. 168, e Abílio Neto, *CPT anot.*, 4.ª ed., pág. 102.

[73] Cfr. Leite Ferreira, *CPT anot.*, pág. 181, e o Ac. do STJ, de 23-4-98, CJSTJ, tomo II, pág. 265, segundo o qual, suspensa a execução da providência reintegradora, isso não se reflecte na obrigação de pagamento de salários.

Suspensão de despedimento 71

Resulta da lei que, em princípio, o recurso tem efeito meramente devolutivo, o que, a ocorrer, determina a retoma das relações laborais, com a consequente prestação do trabalho por parte do requerente e o correspectivo direito à retribuição. Assim, a quantia depositada e que, na pendência do recurso, tenha revertido para o trabalhador acaba por desempenhar a função da retribuição mensal a que teria direito caso se operassem os efeitos da providência de suspensão do despedimento.[74]

2. Recurso de revista

Nos termos do art. 387.°-A do CPC, por regra, não é admissível recurso de revista no âmbito de procedimentos cautelares.

Ficam ressalvadas, no entanto, as *situações excepcionais* a que se reporta o art. 678.°, n.° 2, do CPC,[75] isto é, quando seja invocada a viola-

---

[74] Neste sentido cfr. FURTADO MARTINS, *Cessação do Contrato de Trabalho*, 2.ª ed., pág. 163, referindo que "o trabalhador não é obrigado a repor os salários que entretanto recebeu, ainda que não lhe tenha sido exigida a prestação de trabalho no período decorrido até à sentença que decidiu a acção principal, pág. 163.

No mesmo sentido cfr. o Ac. da Rel. de Coimbra, de 1-3-99, CJ, tomo II, pág. 242, com o argumento pertinente de que a suspensão não se configura como uma providência sujeita a condição resolutiva, mas antes como uma medida a termo, mantendo a sua eficácia até à decisão final e definitiva a proferir na acção principal. A mesma doutrina subjaz ao Ac. do STJ, de 23-4-98, CJSTJ, tomo II, pág. 265, e ao Ac. da Rel. de Lisboa, de 16-11-05, *www.dgsi.pt*.

[75] Repare-se que, nos termos do art. 79.° do CPT, a ampliação excepcional da recorribilidade em questões especificamente laborais apenas está garantida até à Relação.

Discordamos da jurisprudência que, a partir do art. 40.° do CPT, considera inaplicável o disposto no art. 387.°-A do CPC (Ac. do STJ, de 12-11-08, *www.dgsi.pt)* acolhendo a doutrina do Ac. de 8-7-03).

Com efeito, quando estejam em causa decisões que violam as regras de competência absoluta, ofendam o caso julgado ou desrespeitem jurisprudência uniformizada pelo STJ, não vemos motivo algum para, como se ressalva no art. 387.°-A do CPC, com referência ao art. 678.°, n.° 2, rejeitar recurso de revista que permita ao STJ de apreciar tais questões.

A norma do art 40.°, n.° 1, do CPC, destina-se apenas a resolver a questão da admissibilidade de um 2° grau de jurisdição em matéria de suspensão de despedimento, independentemente do respectivo valor, não sendo inconciliável

ção de regras de competência absoluta, a ofensa de caso julgado ou o desrespeito de jurisprudência uniformizada, independentemente do valor processual.

Tal preceito sobrepõe-se ao disposto no art. 721.º, n.º 2. Por isso, ainda que a Relação confirme a decisão de 1.ª instância, sem voto de vencido, admitir-se-á recurso de revista naquelas situações excepcionais.[76]

---

com o disposto no art. 387.º-A do CPC, aplicável por via dos arts. 33.º e 32.º, n.º 1, do CPT.

Para além de o texto legal do art. 40.º não implicar necessariamente aquela solução, motivos de ordem racional devem levar a que se admita a possibilidade de aceder ao STJ designadamente naqueles casos em que a Relação, no âmbito de procedimento cautelar de suspensão de despedimento, não tenha acatado a jurisprudência uniformizada, como, por exemplo, a que decorre do Ac. de Unif. n.º 1/03, de 12 de Novembro (sobre a amplitude do procedimento).

Uma tal solução traduziria ainda uma incongruência: rejeitando o recurso de revista para o STJ naquelas situações excepcionais, já o admitiria relativamente a outros procedimentos cautelares inscritos na jurisdição laboral, atenta a norma remissiva do art. 32.º, n.º 1, do CPT.

[76] Para mais desenvolvimentos cfr. ABRANTES GERALDES, *Recursos em Processo Civil*, 2.ª ed., em anotação ao art. 721.º do CPC.

ART. 40.º-A
(Caducidade da providência)

O procedimento cautelar extingue-se e, quando decretada, a providência caduca:

a) Se o trabalhador não propuser a acção de impugnação de despedimento colectivo da qual a providência depende, dentro de 30 dias, contados da data em que lhe tenha sido notificada a decisão que a tenha ordenado;

b) Nos demais casos previstos no CPC que não sejam incompatíveis com a natureza do processo do trabalho.

---

1. Caducidade da providência
1.1. Nos casos em que está em causa despedimento individual comunicado por escrito a que seja aplicável o processo especial dos arts. 98.º-B e segs. do CPT a acção principal já terá sido necessariamente instaurada por formulário prévio (art. 98.º-C, n.º 2) ou mediante o pedido de impugnação integrado no próprio requerimento inicial (art. 34.º, n.º 4, do CPT).

Restam as situações de despedimento que não tenha sido comunicado por escrito, cuja impugnação segue a forma de processo comum, nos termos dos arts. 51.º e segs., ou as de despedimento colectivo submetidas ao processo especial dos arts. 156.º e segs. do CPT. É para estes casos que se prescreve o prazo de 30 dias a contar do decretamento da providência para que seja instaurada a correspondente acção de impugnação, sob pena de caducidade da providência ou de extinção do procedimento.[77]

---

[77] Cfr. ABRANTES GERALDES, *Temas da Reforma do Processo Civil*, vol. III, 4.ª ed. *(Procedimento Cautelar Comum)*, em anotação ao art. 389.º do CPC.

O prazo de caducidade estabelecido para o exercício do direito de impugna-

Suspensão de Despedimento

1.2. O decurso do prazo de 30 dias para a instauração da acção não determina, por si, a caducidade do direito potestativo de impugnação do despedimento.[78] Dele decorre apenas a extinção do procedimento cautelar ou, se tiver sido decretada a suspensão, a caducidade da providência.[79]

1.3. Importa ainda considerar os demais casos de caducidade da providência ou de extinção do procedimento cautelar previstos no art. 389.° do CPC, na medida em que sejam aplicáveis ao foro laboral.

Assim a caducidade da providência decretada (ou a extinção do procedimento cautelar) pode ser efeito da paralisação do processo principal por prazo superior a 30 dias por motivos imputáveis ao autor.

Acrescem ainda os casos em que a acção principal seja julgada improcedente por decisão transitada em julgado, aqueles em que o réu seja absolvido da instância sem instauração oportuna de nova acção ou sempre que se verifique a extinção do direito em causa (designadamente pelo decurso do prazo de caducidade fixado para o seu exercício), nos termos das als. c), d) e e) do n.° 1 do art. 389.° do CPC.

1.4. A caducidade da providência por facto imputável ao requerente pode ser causa de *responsabilidade civil*, nos termos do art. 390.°, n.° 1, do CPC.[80]

ção do despedimento corre autonomamente, não sendo, por isso, modificado pelo facto de o trabalhador ter requerido a suspensão do despedimento.

Importa ainda notar que a acção de impugnação da regularidade e licitude do despedimento tem natureza urgente, o que releva para efeitos de contagem do prazo em período de férias judiciais.

[78] Determina o art. 387.°, n.° 2, do Cód. do Trabalho, que o despedimento individual deve ser impugnado no prazo de caducidade de 60 dias a contar da comunicação do despedimento ou da cessação do contrato, ao passo que para a impugnação do despedimento colectivo se prevê o prazo de 6 meses a contar da cessação do contrato (art. 388.°, n.° 2).

[79] Quanto à apreciação da caducidade cfr. ABRANTES GERALDES, *Temas da Reforma do Processo Civil*, vol. III, 4.ª ed. *(Procedimento Cautelar Comum)*, em anotação ao art. 389.°

[80] Quanto à apreciação da caducidade e quanto aos efeitos dessa caducidade ao nível da responsabilidade civil do requerente, cfr. ABRANTES GERALDES, *Temas da Reforma do Processo Civil*, vol. III, 4.ª ed. *(Procedimento Cautelar Comum)*, em anotação aos arts. 389.° e 390.° do CPC.

JURISPRUDÊNCIA

(Resenha apresentada por ordem cronológica inversa, alertando-se para a necessidade de ponderar as alterações entretanto ocorridas quer ao nível do Código do Trabalho e legislação avulsa, quer, principalmente, ao nível do Código de Processo do Trabalho)

1. Questões gerais:

Despedimento ilícito. Vinculação da sociedade.
Ac. da Rel. de Lisboa, de 17-12-08, Rel. Seara Paixão, *www.dgsi.pt* e CJ, tomo V, pág. 163

Numa sociedade por quotas, em que a gerência é exercida pelas duas sócias e em que, face aos respectivos estatutos, é indispensável a assinatura de dois gerentes nos actos escritos que vinculem a sociedade, salvo os actos de mero expediente, a decisão de despedimento de uma trabalhadora promovida apenas por uma gerente, contra a vontade expressa da outra gerente, não vincula a sociedade, nos precisos termos do n.º 1 do art. 261.º do CSC, pelo que não pode deixar de se reputar de inválida tal decisão e, consequentemente, nulo o respectivo procedimento disciplinar.

Abuso de direito.
Ac. da Rel. de Lisboa, de 15-12-05, Rel. José Feteira, *www.dgsi.pt*

O abuso de direito, enquanto questão de conhecimento oficioso, pode ser apreciada pelo Tribunal *motu proprio*, mesmo em sede de providência cautelar, já que nada na lei o impede.

Despedimento de trabalhadora grávida. Requisitos.

Ac. da Rel. de Lisboa, de 14-12-04, Rel. José Feteira, *www.dgsi.pt*

1. Pretendendo a entidade patronal fazer cessar, por despedimento, um contrato de trabalho existente entre si e uma trabalhadora grávida, puérpera ou lactante, não o poderá fazer sem que, previamente, obtenha o parecer a que alude o n.° 1 do art. 24.° da Lei n.° 4/84, sob pena de nulidade desse despedimento.

2. Tal exigência pressupõe que a trabalhadora tenha dado prévio conhecimento de qualquer daqueles estados à sua entidade patronal, por escrito e mediante apresentação de atestado médico.

3. Cabe à entidade patronal o ónus de prova de haver solicitado à entidade competente o mencionado parecer.

...

Contrato de trabalho doméstico. Inviabilidade da suspensão de despedimento.

Ac. da Rel. de Lisboa, de 26-6-02, Rel. Ferreira Marques, *www.dgsi.pt* e CJ, tomo III, pág. 164

1. A circunstância de o trabalho doméstico ser prestado a agregados familiares e gerar relações profissionais muito estreitas que postulam um permanente clima de confiança, levou o legislador a instituir para este tipo de trabalho subordinado um regime especial regulador das relações dele emergentes, primeiro do Dec.-Lei n.° 508/80, de 21-10, e, mais tarde, do Dec.-Lei n.° 235/92, de 24-10.

2. Esse regime especial revela-se, entre outras matérias, na parte relativa ao despedimento. Enquanto no regime geral um trabalhador ilicitamente despedido é, por regra, reintegrado no seu posto de trabalho, salvo se, em substituição da reintegração, optar pela indemnização de antiguidade, no regime especial de serviço doméstico o trabalhador ilicitamente despedido tem apenas direito à indemnização de antiguidade, salvo se houver acordo quanto à sua reintegração.

3. O procedimento cautelar de suspensão de despedimento exige, como suporte, um nexo com a acção de impugnação de despedimento já instaurada ou a instaurar, na qual seja viável a imposição da reintegração do trabalhador. E só se for viável e legalmente possível impor essa reintegração na acção é que se pode requerer a suspensão do despedimento.

Suspensão de despedimento

4. Na acção de impugnação de despedimento de um trabalhador de serviço doméstico não é possível condenar os réus a reintegrá-lo.

5. Ora, não podendo obter-se através da providência cautelar mais do que aquilo que se pode vir a obter com acção de que depende, tem obviamente de concluir-se que não pode decretar-se a suspensão de um despedimento no âmbito de um contrato de serviço doméstico, porquanto, sendo inviável a reintegração do trabalhador, não pode aplicar-se, em sede de procedimento cautelar, uma medida que depois não poderia vir a ser aplicada na decisão final da acção principal.

2. Prazo

Suspensão de despedimento. Prazo. Prescrição do procedimento disciplinar.
Ac. da Rel. de Lisboa, de 6-6-07, Rel. Paula Sá Fernandes, *www.dgsi.pt*

1. O trabalhador pode mediante providência cautelar requerer a suspensão do despedimento no prazo de cinco dias úteis a contar da data da recepção da comunicação de despedimento (art. 434.° do CT/03).

2. Tendo ficado demonstrado que o trabalhador apenas recebeu a carta, que continha a decisão de despedimento, no dia 17 de Julho, ter-se-á de considerar ilidida qualquer eventual presunção de que a carta terá chegado ao seu poder ou ao conhecimento em data anterior.

...

Suspensão de despedimento. Prazo de caducidade.
Ac. da Rel. de Lisboa, de 29-3-06, Rel. Ramalho Pinto, *www.dgsi.pt*

1. O prazo estabelecido no art. 434.° do CT/03 para o trabalhador requerer a suspensão preventiva do despedimento é um prazo de caducidade, atento o disposto no art. 298.°, n.° 2, do CC.

2. Essa caducidade não é de conhecimento oficioso.

3. Caducando o direito do trabalhador a requerer a suspensão do despedimento, precludida fica a sua faculdade de, em sede de providência cautelar, discutir os eventuais vícios e irregularidades do processo disciplinar, incluindo da decisão final e da sua comunicação ao arguido.

78 — Suspensão de Despedimento

Suspensão de despedimento. Prazo de caducidade.

Ac. da Rel. de Lisboa, de 8-7-04, Rel. Ramalho Pinto, *www.dgsi.pt*

1. O prazo estabelecido no art. 434.º do CT/03 é um prazo de caducidade.

2. O decurso de tal prazo não é matéria excluída da disponibilidade das partes, pelo que não é de conhecimento oficioso.

...

3. Âmbito da suspensão de despedimento

Âmbito da suspensão de despedimento. Verosimilhança do despedimento.

Ac. de Uniformização de Jurisprudência n.º 1/03, de 12-11-03

1. O trabalhador despedido (individual ou colectivamente) pode socorrer-se do procedimento cautelar de suspensão do despedimento desde que esta seja a causa invocada pela entidade patronal para a cessação da relação laboral ou, na sua não indicação, se configure a verosimilhança de um despedimento.

2. Os meios de prova consentidos pelos arts. 35.º e 43.º do CPT/99 destinam-se a fundar a verosimilhança necessária para a concessão da providência cautelar de suspensão de despedimento.

Suspensão de despedimento. Indeferimento liminar. Âmbito.

Ac. da Rel. de Lisboa, de 16-7-09, Rel. Seara Paixão, *www.dgsi.pt*

1. Não há lugar ao indeferimento liminar de um requerimento inicial de um procedimento cautelar, por o pedido se apresentar manifestamente improcedente, com o fundamento de a relação laboral não estar inquestionavelmente definida.

2. No âmbito desse procedimento nada impede que se possa discutir e apreciar, embora de forma perfunctória e segundo um juízo de mera probabilidade, a natureza do vínculo existente entre as partes, se o requerente alegou factos com vista à caracterização dessa relação como sendo de carácter subordinado.

Suspensão de despedimento

Âmbito da suspensão de despedimento.
Ac. da Rel. de Lisboa, de 5-11-08, CJ, tomo V, pág. 153

No procedimento cautelar de suspensão de despedimento colectivo podem invocar-se, como fundamento da providência de suspensão, tanto a falta de observância das formalidades legais do despedimento, como a ausência de fundamentos que o justificaram.

Suspensão de despedimento. Questões que podem ser discutidas.
Ac. da Rel. de Lisboa, de 11-6-08, Rel. Ferreira Marques, *www.dgsi.pt*

...

2. No procedimento cautelar de suspensão de despedimento cabe apenas ao tribunal verificar se o despedimento foi precedido de processo disciplinar, se este enferma de alguma irregularidade que o invalide e, se este for válido, verificar, depois de ponderar todas as circunstâncias relevantes, se há, ou não, probabilidade séria de inexistência de justa causa.

3. A discussão de outras matérias, como a falta de fundamentação da suspensão preventiva, a violação do dever de ocupação efectiva e suas consequências e de outras questões respeitantes à relação jurídica laboral, ou relacionadas com o processo disciplinar, não tem cabimento no estrito espaço da providência cautelar de suspensão de despedimento, mas tão somente no âmbito da acção (principal) de que está dependente.

4. O princípio do contraditório e o direito de defesa só podem considerar-se violados se o trabalhador for impedido de se pronunciar sobre os factos de que foi acusado e/ou de juntar e/ou requerer meios de prova que considerar pertinentes sobre essa matéria, ou se não for realizada qualquer diligência de prova que vise demonstrar que aqueles factos não ocorreram ou ocorreram de forma diversa ou em circunstâncias diferentes das descritas na nota de culpa.

Suspensão de despedimento. Âmbito. Questões que podem ser discutidas.
Ac. da Rel. de Lisboa, de 5-12-07, Rel. Ferreira Marques, *www.dgsi.pt*

1. No procedimento cautelar de suspensão de despedimento, a lei apenas permite discutir e apreciar a factualidade inerente à eventual ine-

xistência ou nulidade do processo disciplinar e a factualidade inerente à (eventual) probabilidade séria de inexistência de justa causa.

2. Só quando seja indiscutível que a relação contratual que vincula o requerente ao requerido configura um contrato de trabalho e seja indiscutível para ambas as partes que tal contrato cessou através de um despedimento promovido pelo empregador, é que o trabalhador pode recorrer a este procedimento cautelar.

3. A discussão de outras questões respeitantes à relação jurídica laboral, designadamente, a de saber se as funções anteriormente desempenhadas pelo requerente para a requerida, de forma esporádica e por períodos de curta duração, são idênticas às que desempenhou ultimamente para esta, ao abrigo de um contrato sem termo, e se os dias de trabalho ocupados nessas funções devem ser levados em consideração no período experimental respeitante a este último contrato, não tem cabimento no estrito espaço deste procedimento cautelar.

...

Suspensão de despedimento. Âmbito.
Ac. da Rel. do Porto, de 9-1-06, Rel. Fernandes Isidoro, *www.dgsi.pt*

1. A existência indiscutível de um contrato de trabalho e de um inequívoco despedimento do trabalhador, levado a cabo pelo empregador, são pressupostos inquestionáveis da providência cautelar de suspensão de despedimento, prevista no art. 39.°, 1 do CPT.

...

Suspensão de despedimento. Verificação da justa causa.
Ac. da Rel. de Lisboa, de 25-5-05, Rel. Ferreira Marques, *www.dgsi.pt*

1. É entendimento pacífico que no procedimento cautelar de suspensão de despedimento o tribunal não tem que se pronunciar sobre se existe, ou não, justa causa de despedimento. Isso é uma questão a dirimir na acção principal.

2. Na providência cautelar o juiz só tem que verificar, segundo os dados fornecidos pelo processo, se os factos imputados ao trabalhador no processo disciplinar, vistos sob ponto de vista objectivo, são ou não susceptíveis de integrar justa causa de despedimento.

Suspensão de despedimento 81

Suspensão de despedimento. Âmbito.
Ac. da Rel. de Lisboa, de 23-2-05, Rel. Ferreira Marques, *www.dgsi.pt*

1. Nos termos conjugados dos art. 434.º do CT/03 e do art. 39.º, n.º 1, do CPT/99, o procedimento cautelar só pode ser instaurado quando se verificarem cumulativamente dois pressupostos essenciais:

a) Que a relação contratual que vincula o requerente à requerida configure um contrato de trabalho;

b) Que esse contrato de trabalho tenha cessado através de despedimento promovido pela entidade patronal do requerente, ou pelo menos, que essa cessação configure a verosimilhança de um despedimento.

2. Saber se na altura em que a requerente teve alta e se apresentou ao serviço a requerida *A* ainda era sua entidade patronal ou se, nessa altura, a posição contratual que esta detinha no contrato de trabalho que celebrou com a requerente já se tinha transmitido para a requerida *B*, é questão que extravasa o âmbito do procedimento cautelar de suspensão de despedimento.

Suspensão de despedimento. Âmbito.
Ac. da Rel. de Lisboa, de 20-8-04, Rel. Duro Mateus, *www.dgsi.pt*

...

2. Não cabe no âmbito do procedimento cautelar de suspensão de despedimento averiguar se, entre as partes, vigorava um contrato de trabalho ou um contrato de prestação de serviços.

Suspensão de despedimento. Procedimento disciplinar.
Ac. da Rel. de Lisboa, de 26-5-04, Rel. Seara Paixão, *www.dgsi.pt*

1. O procedimento cautelar de suspensão de despedimento não é o meio próprio para discutir a natureza retributiva de determinado pagamento.

2. Se parte dos factos imputados ao arguido na nota de culpa ocorreram há mais de 60 dias, a entidade patronal teve deles imediato conhecimento e não se evidencia que tenha existido qualquer inquérito prévio, têm os mesmos que ser considerados indiciariamente irrelevantes em termos disciplinares, por ter ocorrido caducidade da acção disciplinar relativamente a eles.

3. Na suspensão de despedimento o juízo sobre a probabilidade séria de inexistência de justa causa há-de ser formado com base nos elementos de prova que constem do processo disciplinar.

Suspensão de Despedimento

Suspensão de despedimento. Prescrição do procedimento disciplinar.
Ac. da Rel. do Porto, de 31-3-04, Rel. Fernanda Soares, *www.dgsi.pt*

1. A falta de resposta à nota de culpa não tem efeitos cominatórios.
2. Por isso, na providência cautelar de suspensão do despedimento, o trabalhador pode invocar a prescrição da infracção disciplinar, ainda que, na resposta à nota de culpa não tenha arguido aquela excepção.
3. O facto de não ter arguido a dita excepção na defesa apresentada no processo disciplinar não significa que renunciou à prescrição.
4. A prescrição da infracção disciplinar constitui fundamento para decretar a suspensão do despedimento.

Suspensão de despedimento. Declaração de despedimento.
Ac. da Rel. de Évora, de 30-2-04, CJ, tomo II, pág. 266

1. A providência cautelar de suspensão de despedimento é um meio processual adequado para reacção de um trabalhador contra uma comunicação da entidade patronal em que esta lhe declara a desnecessidade de, findo o período de férias, voltar ao serviço, uma vez que a empresa deliberara a cessação da sua actividade, operando-se automaticamente a cessação do seu contrato de trabalho.
2. Essa comunicação constitui um despedimento ilícito.

Suspensão de despedimento. Requisitos.
Ac. da Rel. de Coimbra, de 22-1-04, CJ, tomo I, pág. 57

O procedimento cautelar da suspensão de despedimento só é admissível se na respectiva petição se configurarem os seguintes dois pressupostos:
a) A inquestionável existência dum contrato de trabalho entre o requerente e o requerido;
b) A existência de um inequívoco despedimento do trabalhador levado a cabo pela entidade patronal.

Suspensão de despedimento. Caducidade do contrato.
Ac. da Rel. de Coimbra, de 3-4-03, CJ, tomo II

No domínio da vigência do actual CPT/99, não há lugar à providência cautelar comum do art. 32.º, nem à providência cautelar especificada de suspensão de despedimento individual, se a causa de pedir invocada pelo requerente for uma comunicação da entidade empregadora ao trabalhador de cessação do contrato de trabalho mantido entre ambos, por caducidade do mesmo.

Suspensão de despedimento. Âmbito. Questões a discutir.
Ac. da Rel. de Lisboa, de 23-10-02, Rel. Pereira Rodrigues, *www.dgsi.pt*

...
3. A providência cautelar de suspensão de despedimento é um procedimento admissível não só no âmbito de contrato de trabalho por tempo indeterminado, como também no âmbito de contrato de trabalho a termo.

4. Contudo, tal procedimento não é meio processual adequado para discutir e decidir questões como qualificação de relação contratual, forma de cessação dessa relação, falta de motivação de contrato de trabalho a termo e a sua conversão em contrato sem termo.

Suspensão de despedimento. Âmbito.
Ac. da Rel. de Lisboa, de 13-3-02, CJ, tomo II, pág. 153

Na providência cautelar de suspensão de despedimento colectivo é possível discutir a forma de cessação do contrato como fundamento de ser decretada a suspensão do despedimento.

Suspensão de despedimento. Âmbito.
Ac. da Rel. de Lisboa, de 6-3-02, Rel. Ferreira Marques, *www.dgsi.pt*

1. Quando seja indiscutível que a relação contratual que vincula trabalhador e entidade patronal configura um contrato e quando seja (também) indiscutível para ambas as partes que tal contrato cessou através de despedimento promovido pelo empregador, pode o trabalhador requerer que se decrete judicialmente a suspensão de tal despedimento, cabendo então ao tribunal verificar se o mesmo foi ou não precedido de processo disciplinar, se este enferme de alguma nulidade que o invalide, e – se existir processo disciplinar e este for válido – ponderar todas as circunstâncias relevantes e verificar se há, ou não, probabilidade séria de inexistência de justa causa.

2. É este âmbito de procedimento cautelar de suspensão de despedimento e é dentro deste âmbito que o requerente se deve movimentar ao servir-se deste meio processual.

3. A discussão de outras matérias e de outras formas de extinção da relação jurídico-laboral não pode ter cabimento no estrito espaço da providência cautelar de suspensão de despedimento, mas tão somente no âmbito da acção de que está dependente, o que bem se compreende, dada a forma sumária de que a providência se reveste, em que nem sequer se admite a produção de prova.

4. É certo que o actual CPT admite que se faça prova do despedimento na audiência final, mas ao admitir a produção dessa prova, o legislador, ao contrário do que já vimos sustentado, não está a permitir que se discutam no âmbito deste procedimento cautelar questões como a caracterização da relação contratual, a forma de cessação dessa relação ou outras questões. Pretende-se tão somente que o trabalhador despedido verbalmente possa fazer prova desse despedimento, o que não lhe era permitido no anterior código, situação quer levava geralmente à improcedência das providências que tinham como objecto despedimentos verbais, por, na audiência de partes, a entidade patronal contradizer, por norma, o que o trabalhador tinha alegado.

Suspensão de despedimento. Contrato a prazo. Âmbito.

Ac. da Rel. de Lisboa, de 7-3-01, Rel. Sarmento Botelho, *www.dgsi.pt*

1. A providência cautelar de suspensão de despedimento é um procedimento admissível não só no âmbito do contrato de trabalho por tempo indeterminado, como também no âmbito do contrato de trabalho a termo.

2. Tal procedimento não é meio processual adequado para discutir e decidir questões como: a qualificação de relação contratual existente entre as partes, a forma de cessação dessa relação, a falta de motivação do contrato de trabalho a termo e a sua conversão em contrato sem termo.

3. O facto de o actual art. 35.°, n.° 1, do CPT, permitir às partes a apresentação de qualquer meio de prova, designadamente testemunhal, nos casos de despedimento não precedido de processo disciplinar, não tem por objectivo permitir discutir outras questões, mas fundamentalmente, a comprovação do despedimento verbal ou de facto. Caso contrário, o oferecimento de prova seria de admitir mesmo nos casos em que exista processo disciplinar, dado que através deste, em princípio, não se pode demonstrar, por exemplo, se o contrato a termo se converteu, ou não, em contrato sem termo.

Suspensão de despedimento   85

4. A razão desta alteração legislativa em relação ao despedimento não precedido de processo disciplinar deve-se ao facto de, no domínio do CPT/81, todas as providências cautelares que tinham por objectivo a suspensão de despedimentos verbais ou de facto, serem, por regra, desatendidas.

5. Como às partes apenas era permitido oferecer prova documental (art. 39.° do CPT/81), o juiz, no final da audiência das partes, deparava-se, geralmente, com as posições antagónicas das partes: o requerente afirmava que tinha sido despedido pela requerida e esta negava que o tivesse despedido. E como não havia mais provas, o juiz acabava, por regra, por julgar improcedentes tais providências cautelares.

6. Foi para acabar com esse estado de coisas, que o legislador acabou por admitir, nestes casos, a apresentação de qualquer meio de prova.

4. Suspensão de despedimento por motivo imputável ao trabalhador

Direito de defesa. Justa causa. Sanção pecuniária compulsória.
Ac. da Rel. de Lisboa, de 17-12-08, Rel. Ferreira Marques, *www.dgsi.pt*

1. O direito de defesa do trabalhador só deve considerar-se violado se este for impedido de se pronunciar sobre os factos de que foi acusado, de juntar ou requerer meios de prova que considere pertinentes sobre essa matéria ou se não for realizada qualquer diligência de prova que vise demonstrar que aqueles factos não ocorreram ou ocorreram de forma diversa ou em circunstâncias diferentes das descritas na nota de culpa. Ou então se for despedido com base em factos que não lhe foram imputados na nota de culpa e em relação aos quais não teve oportunidade de se defender.

...

4. O envio de uma carta à gerência da empresa, na qual quatro quadros superiores se limitam a expressar a sua opinião em relação à nomeação de um sub-gerente, informando que não concordam com tal nomeação e manifestando a sua disponibilidade para encontrar, em conjunto, uma solução que sirva melhor os interesses da sociedade, não indicia infracção disciplinar grave nem probabilidade séria de justa causa.

5. Nos procedimentos cautelares é sempre admissível a fixação da sanção pecuniária compulsória que se mostre adequada a assegurar a efectividade da providência decretada.

Despedimento com justa causa. Procedimento. Caducidade.

Ac. da Rel. de Lisboa, de 29-10-08, Rel. Isabel Tapadinhas, *www.dgsi.pt*

1. Quando não haja lugar à realização de diligências probatórias após a resposta à nota de culpa nem a obrigatoriedade de notificar as estruturas representativas dos trabalhadores, o prazo de 30 dias para proferir a decisão de despedimento conta-se a partir da data da resposta à nota de culpa.

2. Nos casos em que não há igualmente lugar à realização de diligências probatórias após a resposta à nota de culpa mas há obrigatoriedade de notificar as estruturas representativas dos trabalhadores, aquele prazo é acrescido de 5 dias úteis mas sempre contado a partir da data da resposta à nota de culpa.

3. A inobservância do referido prazo acarreta a caducidade do direito de aplicar a sanção.

Despedimento. Provas ilícitas.

Ac. da Rel. de Lisboa, de 5-6-08, Rel. Leopoldo Soares, *www.dgsi.pt*

1. O envio de mensagens electrónicas de pessoa a pessoa (*e-mail*) preenche os pressupostos da correspondência privada (Internet – Serviço de comunicação privada).

2. A inviolabilidade do domicílio e da correspondência vincula toda e qualquer pessoa, sendo certo que a protecção da intimidade da vida privada assume dimensão de relevo no âmbito das relações jurídico-laborais.

3. Resulta do art. 21.º do CT/03 que se mostram vedadas ao empregador intrusões no conteúdo das mensagens de natureza não profissional que o trabalhador envie, receba ou consulte a partir ou no local do trabalho, independentemente da sua forma.

4. A protecção em apreço, pois, abrange a confidencialidade das cartas missivas, bem como as informações enviadas ou recebidas através da utilização de tecnologias de informação e comunicação, nomeadamente o correio electrónico.

5. Todavia a reserva da intimidade da vida privada do trabalhador não prejudica a possibilidade de o empregador estabelecer, nomeadamente através de regulamento de empresa, regras de utilização dos meios de comunicação e das tecnologias de informação e comunicação manuseados na empresa (*v.g.* imposição de limites, tempos de utilização, acessos ou sítios vedados aos trabalhadores).

Suspensão de despedimento

6. Se a entidade patronal incumprir as supra citadas regras não serão de atender os decorrentes meios de prova juntos ao processo disciplinar.

Suspensão de despedimento. Requisitos.

Ac. da Rel. de Lisboa, de 9-6-04, Rel. Paula Sá Fernandes, *www.dgsi.pt*

A suspensão de despedimento só é atendível quando for flagrante a inadequação do despedimento à falta ou faltas verificadas e, desde logo, se possa concluir pela provável inexistência de justa causa de despedimento.

Despedimento ilícito. Arrependimento. Inutilidade superveniente do procedimento de suspensão.

Ac. da Rel. de Lisboa, de 12-2-03, Rel. Diniz Roldão, *www.dgsi.pt*

1. A providência cautelar de suspensão de despedimento é um meio posto à disposição dos trabalhadores para enfrentar os despedimentos sem fundamento legal que os legitime e, assim, garantir a sua segurança no emprego, sendo o escopo da providência a reposição imediata, em toda a sua plenitude, do contrato de trabalho.

2. Desde que se verifique um despedimento decretado unilateralmente pela entidade patronal, pode o trabalhador despedido servir-se do citado meio, alegando as razões da ilicitude do acto, e pedir ao tribunal que decrete a sua imediata suspensão, até que sobre esse assunto haja uma decisão definitiva, a proferir na acção de impugnação de despedimento.

3. Qualquer comunicação de despedimento produz todos os seus efeitos logo que chegue ao conhecimento do seu destinatário, ocorrendo uma quebra do vínculo laboral e um rompimento do contrato de trabalho, o qual cessa de imediato, ou a partir da data em que for mencionada.

4. Assim, enviada que seja ao trabalhador a decisão de despedimento e recebida a mesma pelo despedido, não pode o empregador depois disso «dar o dito por não dito» e declarar unilateralmente sem efeito essa comunicação, fazendo de conta que nada se passou, salvo havendo mútuo acordo, considerando ambos, trabalhador e entidade patronal, sem efeito o despedimento.

...

6. A presente lide cautelar não se tornou inútil só porque a recorrida decidiu unilateralmente dar sem efeito a aplicação à recorrente da sanção

88   *Suspensão de Despedimento*

disciplinar de despedimento e porque depositou salários na conta desta última.

5. Despedimento por extinção do posto de trabalho

Suspensão de despedimento. Extinção de posto de trabalho
Ac. da Rei. de Lisboa, de 11-11-09, Rel. Natalino Bolas, *www.dgsi.pt*

No despedimento por extinção do posto de trabalho, a entidade empregadora tem de invocar factos concretos que, integrando os conceitos *"motivos de mercado, estruturais ou tecnológicos, relativos à empresa"*, tenham o necessário nexo causal com o concreto posto de trabalho a extinguir, sob pena de se estar a admitir a existência de despedimentos arbitrários.

Suspensão de despedimento. Extinção do posto de trabalho.
Ac. da Rel. do Porto, de 16-2-09, CJ electrónica, Rel. Albertina Pereira

1. Não pode decretar-se a suspensão de despedimento (requerida com fundamento em despedimento com justa causa) em relação a um contrato de trabalho que já antes cessara por extinção do posto de trabalho.
2. Há, contudo, tutela cautelar em caso de despedimento por extinção do posto de trabalho.

Despedimento por extinção do posto de trabalho. Verificação dos motivos.
Ac. da Rel. de Lisboa, de 23-4-08, Rel. Ferreira Marques, *www.dgsi.pt*

1. As exigências formais que condicionam o despedimento por extinção do posto de trabalho (instauração de um processo administrativo, a menção nas comunicações e na decisão final do processo dos motivos e dos requisitos que determinaram a extinção do posto de trabalho, com justificação de inexistência de alternativas à cessação do contrato do ocupante do posto de trabalho extinto) visam esclarecer o trabalhador abrangido, assegurar-lhe o exercício do contraditório, tutelar a segurança jurídica, prevenindo eventuais divergências em relação aos elementos de facto concretos que integram os fundamentos que determinaram extinção do seu

posto de trabalho, bem como permitir o posterior controlo jurisdicional desses fundamentos e da verificação dos aludidos requisitos.

2. Os motivos da extinção do posto de trabalho devem estar devidamente especificados, tanto nas comunicações previstas no art. 423.º, n.os 1, 2 e 3, do CT/03, como na decisão final do processo, nelas devendo figurar as circunstâncias e os factos concretos que integram esses motivos.

3. Tanto no procedimento cautelar e como na acção de impugnação de despedimento por extinção do posto de trabalho só podem ser invocados pelo empregador e só podem ser sindicados pelo tribunal os factos integradores dos motivos da extinção que constam na comunicação inicial e na decisão final do processo administrativo.

4. Se no decurso do processo de extinção do posto de trabalho e na data da cessação do contrato, existiam na empresa trabalhadores contratados a termo, a exercer funções correspondentes às funções que eram exercidas pelo trabalhador despedido e um trabalhador efectivo da mesma categoria de menor antiguidade, o despedimento decretado deve ser declarado ilícito.

5. O mesmo deve suceder se se provar que o empregador dispunha de lugar compatível com a categoria do trabalhador despedido e que este só não foi colocado nesse lugar por razões de natureza subjectiva a ele imputáveis.

Despedimento por extinção do posto de trabalho. Motivos.
Ac. da Rel. de Lisboa, de 13-12-07, Rel. Natalino Bolas, *www.dgsi.pt*

...

4. A redistribuição, por outros trabalhadores, das funções anteriormente exercidas pelo recorrente, não constitui fundamento para a extinção do posto de trabalho.

5. Não é de decretar a suspensão do despedimento por extinção do posto de trabalho se estiver fundado em motivos de mercado (quebra de vendas com lógica redução da actividade) e estruturais (desequilíbrio económico financeiro), quando se não indicie suficientemente a sua falsidade ou a culpabilidade da entidade empregadora na verificação desses fundamentos.

6. Não é irrisória a medida tomada (extinção do posto de trabalho por motivos de racionalidade económica) se a retribuição anual do trabalhador cujo posto de trabalho foi extinto é praticamente igual ao resultado do exercício do ano.

Suspensão de despedimento. Extinção do posto de trabalho.
Ac. da Rel. de Lisboa, de 10-10-07, Rel. Ferreira Marques, *www.dgsi.pt*

...

2. Neste procedimento cautelar pode invocar-se como fundamento tanto a falta de observância das formalidades legais como a não verificação dos motivos invocados.

3. As exigências formais que condicionam o despedimento por extinção do posto de trabalho visam assegurar o esclarecimento do trabalhador abrangido, garantir o exercício do contraditório e tutelar a segurança jurídica, bem como permitir o posterior controlo jurisdicional desses fundamentos.

4. Os motivos da extinção do posto de trabalho devem estar devidamente especificados, nas comunicações previstas no art. 423.°, n.os 1, 2 e 3, do CT/03, e na decisão final do processo, nelas devendo figurar todas as circunstâncias e factos concretos que integram esses motivos.

5. Sem a alegação destes elementos, trabalhador fica sem conhecer os factos que determinaram a extinção do seu posto de trabalho e sem o mínimo de elementos que lhe permitam pronunciar-se sobre os motivos da extinção e sobre a impossibilidade de subsistência da sua relação de trabalho, ficando, dessa forma, seriamente prejudicado o exercício do contraditório e o seu direito de defesa.

6. Além disso, o tribunal fica sem possibilidade de exercer qualquer controlo jurisdicional sobre a verificação dos motivos da extinção e sobre as razões que a levaram o empregador a concluir pela impossibilidade prática da subsistência da relação.

Despedimento por extinção do posto de trabalho. Requisitos.
Ac. da Rel. de Lisboa, de 27-9-06, Rel. Natalino Bolas, *www.dgsi.pt*

1. É insuficiente para fundamentar a extinção do posto de trabalho nos termos do art. 423.°, n.° 3, al. a), do CT/03, dizer-se na comunicação entregue ao trabalhador que se encerra o serviço *"por motivos de ordem estrutural"*.

2. Não satisfaz os requisitos constantes do art. 423.°, n.° 3, als. a) e b), do CT/03, a comunicação ao trabalhador da extinção do posto de trabalho onde não são mencionadas as funções e categoria profissional do trabalhador abrangido ou se foram incluídos no despedimento outros trabalhadores.

Suspensão de despedimento

3. A comunicação da extinção do posto de trabalho efectuada nos termos referidos conduz à nulidade do despedimento nos termos do art. 432.º, al. c), do CT/03.

4. O despedimento por extinção do posto de trabalho só pode ter lugar se verificados, cumulativamente, os requisitos constantes das als. a) a e) do n.º 1 do art. 403.º do CT.

5. Tais requisitos têm de constar confirmados na decisão de extinção do posto de trabalho, nos termos do art. 425.º, n.º 1, al. b), do CT/03.

6. É insuficiente para demonstrar que é praticamente impossível a subsistência da relação laboral se nada se refere na decisão quanto a possíveis alternativas à cessação do contrato, *v.g.* sobre a redução da actividade, suspensão do contrato, eventual pré-reforma;

7. O montante da compensação a que se refere a al. d) do n.º 1 do art. 425.º do CT/03, deve constar da decisão de forma expressa, não satisfazendo esse requisito a menção de que a compensação é a legal.

Despedimento por extinção do posto de trabalho. Verificação dos motivos.
Ac. da Rel. de Lisboa, de 17-11-04, Rel. Sarmento Botelho, *www.dgsi.pt*

1. No procedimento cautelar de suspensão de despedimento por extinção do posto de trabalho, o tribunal não tem que se pronunciar sobre a verificação ou não dos fundamentos para a extinção, cabendo-lhe apenas formular um juízo de adequação e probabilidade de os motivos invocados serem ou não susceptíveis de integrar a previsão legal.

...

Despedimento por extinção do posto de trabalho. Motivo aparente.
Ac. da Rel. de Lisboa, de 20-10-04, Rel. Simão Quelhas, *www.dgsi.pt*

Verifica-se a causa de nulidade da extinção do posto de trabalho prevista na al. a) do art. 32.º da LCCT – inexistência do fundamento invocado – sempre que se conclua que a extinção do posto de trabalho não é real, mas meramente aparente, ou seja, sempre que, formalmente seja "extinto" determinado posto de trabalho mas, concomitantemente ou em momento temporal próximo, seja criado outro posto de trabalho, com designação porventura diversa, mas conteúdo funcional idêntico.

6. Despedimento colectivo

Despedimento colectivo. Suspensão. Poderes do tribunal.
Ac. da Rel. de Lisboa, de 23-9-09, Rel. José Feteira, *www.dgsi.pt*

1. Ainda que o actual CT/09 preveja a participação do Ministério responsável pela área laboral nas reuniões de informação e negociação promovidas pela empresa que pretenda levar por diante um despedimento colectivo de trabalhadores seus (art. 362.º, n.º 1), não faz depender dessa participação a licitude desse despedimento. É o que, por interpretação *a contrario*, resulta do disposto no art. 383.º n.º 1 do mencionado Código.

2. No âmbito de uma providência cautelar de suspensão de despedimento colectivo, em que razões de celeridade impõem uma apreciação perfunctória dos respectivos fundamentos, a não ser que estejamos perante a absoluta omissão destes, ou a não ser que os fundamentos invocados se afigurem, desde logo, patentemente ilícitos – *v.g.* se fundada em motivos políticos, ideológicos, étnicos ou religiosos – ou irrazoáveis, não poderemos deixar de levar aqui em consideração que o art. 42.º do CPT transmite um manifesto propósito da parte do legislador em termos de restringir os aspectos a considerar no âmbito da decisão que nela tenha de ser proferida, quando ali apenas faz referência às formalidades previstas nas als. a) a d) do n.º 1 do art. 24.º do regime jurídico aprovado pelo Dec.-Lei n.º 64--A/89 de 27-2.

3. Esta circunstância leva-nos a considerar que houve uma efectiva intenção da parte do legislador, não diremos em afastar, de todo, a possibilidade do juiz proceder a uma análise, ainda que sumária, dos fundamentos do despedimento colectivo nesta sede cautelar, formulando, sobre eles, um juízo de mera probabilidade e verosimilhança, mas de não tornar essa análise essencial para o decretamento da suspensão do despedimento, atendendo, seguramente, ao carácter complexo e técnico dos fundamentos de despedimento colectivo que, normalmente, são aduzidos e que, em sede da acção de impugnação desse despedimento, podem exigir, mesmo, a intervenção de um assessor técnico – art. 157.º do CPT – assessoria que, de forma alguma, surge contemplada na regulamentação adjectiva da providência cautelar de suspensão de despedimento colectivo.

Despedimento colectivo. Formalidades.

Ac. da Rel. de Lisboa, de 24-6-09, Rel. Maria João Romba, *www.dgsi.pt*

1. No procedimento cautelar de suspensão de despedimento, embora, quando o despedimento foi precedido do procedimento próprio, apenas seja permitida a apresentação de prova documental, o tribunal pode sempre, oficiosamente, determinar a produção de outras provas que considere indispensáveis à decisão.

2. No despedimento colectivo, bem como no despedimento por extinção do posto de trabalho, embora o recebimento da compensação permita presumir a aceitação do despedimento, se o trabalhador requereu a suspensão do despedimento depois de ter sido efectuada a transferência para a respectiva conta bancária do valor da compensação, mas não se encontra demonstrado que lhe foi dado conhecimento dessa transferência, deve considerar-se ilidida a referida presunção.

3. Verificando-se que os fundamentos que determinaram a cessação (formalmente por acordo) de três contratos de trabalho ocorrida na empresa menos de três meses antes de iniciado o processo de despedimento dos requerentes por extinção do posto de trabalho – redução de pessoal e reestruturação da empresa, determinada pelo avolumar de prejuízos financeiros decorrentes da crise existente no mercado automóvel – é, em grande medida, comum à que determinou esta extinção, integrando motivos de mercado e estruturais, devem aquelas cessações, para efeito de quantificação do número de despedimentos relevante para a qualificação do despedimento como colectivo, ser equiparados a despedimentos, pelo que o despedimento dos requerentes constitui um verdadeiro despedimento colectivo tal como o define o art. 397.° do CT (na versão anterior à revisão introduzida pela Lei n.° 7/09 de 12-2, que mantém o conceito, agora no art. 359.°).

4. O procedimento adoptado pela requerida, tendo respeitado a tramitação prevista nos art. 423.° a 425.° do CT/03 – uma vez que a mesma optou pelos despedimentos por extinção dos postos de trabalho, em vez de despedimento colectivo, como era devido – não observou todas as formalidades previstas para este, designadamente a prevista no art. 420.°, n.° 1 (a fase de negociação), o que, de acordo com o disposto pelo art. 42.° do CPT (com as necessárias adaptações, conforme decorre do disposto pelo art. 7.° da Lei n.° 99/03 de 27-8), é quanto basta para que seja decretada a suspensão do despedimento.

Despedimento colectivo. Compensação.

Ac. da Rel. de Lisboa, de 27-5-09, Rel. Isabel Tapadinhas, *www.dgsi.pt*

1. A compensação a pagar aos trabalhadores nos termos do disposto no art. 401.°, n.° 1, do CT, deve ser calculada através da retribuição-base tal como é definida no art. 250.°, n.° 2, al. a), do CT, e das diuturnidades, com exclusão de todas as outras prestações, ainda que sejam fixas, regulares e periódicas.

2. Havendo dúvidas aceitáveis quanto ao montante da compensação devida posta à disposição do trabalhador, resultantes da contagem do tempo de serviço, não se verifica a ilicitude do despedimento.

Despedimento colectivo. Verificação dos motivos.

Ac. da Rel. de Lisboa, de 20-5-09, Rel. Natalino Bolas, *www.dgsi.pt*

1. Nos procedimentos cautelares de suspensão de despedimento colectivo, os fundamentos justificativos para o despedimento podem ser sindicados pelo tribunal.

2. Na indicação dos critérios que serviram da base à selecção dos trabalhadores a despedir devem constar as razões que conduziram a que fosse aquele trabalhador o atingido pelo despedimento colectivo e não qualquer outro trabalhador;

3. Só assim pode o tribunal controlar a adequação do despedimento de cada um dos trabalhadores à fundamentação comum ao despedimento colectivo.

Despedimento colectivo. Presunção de acordo.

Ac. da Rel. de Lisboa, de 5-3-08, Rel. Maria João Romba, *www.dgsi.pt*

1. Para que se considere ilidida a presunção, estabelecida no n.° 4 do art. 401.° (aplicável *ex vi* do art. 404.°) do CT/03 de que o trabalhador aceita o despedimento quando recebe a compensação, é indispensável que os factos susceptíveis de revelar que o trabalhador não quis aceitar o despedimento sejam anteriores à propositura da acção ou da providência cautelar, não sendo suficiente essa mera propositura ou o facto de o trabalhador se ter pronunciado, no âmbito do procedimento para a extinção do posto de trabalho, contra tal extinção.

2. Tendo sido enviado ao trabalhador recibo que discriminava as diversas prestações, para ilidir a presunção de que o recebimento da compensação importava a aceitação do despedimento deveria o trabalhador, antes da propositura da acção (ou da providência cautelar) ter deixado claro que aquele recebimento não significava aceitação do despedimento, devolvendo à requerida o valor da compensação.

3. Não são aptos a determinar a suspensão do despedimento por extinção do posto de trabalho, por não constituírem inobservância de qualquer das formalidades previstas no art. 432.° do CT, a retirada do uso de *e-mail* ao trabalhador, deixando este de ter acesso a alguns elementos de informação relativos à empresa, o desrespeito do prazo para a decisão e a inobservância do prazo de aviso prévio.

Despedimento colectivo. Compensação.

Ac. da Rel. de Lisboa, de 15-11-06, Rel. Maria João Romba, *www.dgsi.pt*

1. Nos termos do art. 431.°, n.° 1, al. c), do CT, é ilícito o despedimento se o empregador que procede a um despedimento colectivo não colocar à disposição do trabalhador despedido, até ao termo do prazo de aviso prévio, a compensação a que se refere o art. 401.° e bem assim os créditos vencidos ou exigíveis em virtude da cessação do contrato de trabalho.

2. A recusa dos trabalhadores em receber a compensação para não ficarem onerados com a presunção estabelecida no n.° 4 do art. 401.° do CT, não prejudica o direito ao recebimento dos outros créditos vencidos ou emergentes da cessação do contrato de trabalho, sendo ilícito o despedimento se o empregador se recusa a pagar esses créditos.

Despedimento colectivo. Formalidades.

Ac. da Rel. de Lisboa, de 4-2-03, Rel. Simão Quelhas, *www.dgsi.pt*

...

3. A entidade empregadora que pretenda promover um despedimento colectivo tem o ónus legal de efectuar as comunicações previstas no art. 17.° a fim de prosseguir a fase de informações e negociações prevista no art. 18.°, ambos da LCCT.

4. Tais comunicações são efectuadas às estruturas candidatas à interlocução pela respectiva ordem legal – comissão de trabalhadores, comis-

são intersindical ou comissões sindicais da empresa representativas dos trabalhadores a abranger e, na sua falta, uma comissão *ad hoc*.

5. Se quaisquer dos trabalhadores a despedir não estiverem representados por qualquer das referidas estruturas, nos termos do n.° 4 do referido art. 17.°, a empresa terá de efectuar a comunicação por escrito aos próprios trabalhadores.

6. Se o não fizer o despedimento desses trabalhadores é ilícito.

7. Efeitos da decisão cautelar de suspensão de despedimento

Sanção pecuniária compulsória.

Ac. da Rel. do Porto, de 8-6-09, Rel Paula Leal de Carvalho, *www.dgsi.pt*

A sanção pecuniária compulsória, prevista no art. 829.°-A do CC, não tem em vista a substituição do cumprimento pelo valor correspondente a essa sanção, nem tem, tão-pouco, natureza indemnizatória. A ela está subjacente o dever de acatamento das decisões judiciais e com ela pretende-se obstar ou vencer a resistência do devedor, a sua oposição, indiferença ou desleixo para com o cumprimento, assim visando uma dupla finalidade: incentivar o cumprimento e o reforço e eficácia do sistema judicial.

Suspensão de despedimento. Efeitos. Reintegração.

Ac. da Rel. de Lisboa, de 14-1-09, Rel. Hermínia Marques, *www.dgsi.pt*

1. Decretada a suspensão do despedimento, a situação do trabalhador fica, em tudo, idêntica àquela em que se encontrava antes de ser despedido, pois a relação laboral readquire a sua plenitude. Assim, o trabalhador deve ser, de imediato, reintegrado no seu posto de trabalho.

2. Se a entidade patronal recorrer da decisão que decrete a suspensão do despedimento e quiser obstar à reintegração do trabalhador durante a pendência desse recurso, terá que requerer a atribuição de efeito suspensivo ao mesmo, efectuando o depósito de seis meses de vencimento do recorrido, nos termos do n.° 2 do art. 44.° do CPT.

Suspensão de despedimento. Efeitos da decisão.

Ac. da Rel. do Porto, de 5-1-09, Rel. Albertina Pereira, *www.dgsi.pt*

Embora a decisão que decreta a suspensão de despedimento se destine primordialmente a garantir a continuidade do trabalhador no seu posto de trabalho, a verdade é que a decisão que a decrete apenas tem força executiva relativamente aos salários em dívida.

Suspensão de despedimento. Efeitos. Faltas injustificadas.

Ac. da Rel. de Lisboa, de 25-6-08, Rel. José Feteira, *www.dgsi.pt*

...

2. Não incorre em faltas injustificadas o trabalhador, que, vendo decretada a providência cautelar de suspensão do seu despedimento, apenas se apresenta ao serviço logo que se verifica o trânsito em julgado da decisão.

3. Tal apresentação apenas lhe seria exigível em momento anterior a esse trânsito se a sua entidade patronal de algum modo lhe tivesse transmitido ou dado a conhecer a sua não intenção de interpor recurso relativamente a essa decisão, ou, pelo menos, de que, a fazê-lo, não pretendia efectuar o depósito da quantia correspondente a seis meses do respectivo vencimento, circunstância em que esse recurso teria sempre efeito devolutivo.

Suspensão de despedimento. Recurso. Impugnação da decisão da matéria de facto.

Ac. da Rel. do Porto, de 2-6-08, Rel. Ferreira da Costa, CJ electrónica

1. Os recursos destinam-se a proceder ao reexame de questões já apreciadas e não a conhecer de matérias novas salvo de conhecimento oficioso.

2. A nota de culpa deve conter uma descrição circunstanciada dos factos imputados ao trabalhador sob pena do procedimento ser declarada inválido.

3. Os factos imputados ao trabalhador têm de ser indiciariamente demonstrados na providência cautelar de suspensão de despedimento e deve ser impugnada a decisão sobre a matéria de facto se o recorrente pretender a respectiva reapreciação em sede de recurso.

Suspensão de despedimento. Efeitos. Reintegração.

Ac. da Rel. de Lisboa, de 24-1-07, Rel. Seara Paixão, *www.dgsi.pt*

1. Parece resultar do disposto no art. 39.º, n.º 2, do CPT, que o decretamento da suspensão do despedimento faz renascer para o empregador apenas o dever de pagamento da remuneração mas não o da ocupação efectiva.

2. Nada parece obstar a que numa providência cautelar em que se pede a reintegração efectiva se possa analisar, em termos meramente perfunctórios e num juízo de mera probabilidade, a procedência da oposição à reintegração, sobretudo quando na providência cautelar é anunciada a dedução dessa oposição na acção definitiva.

Suspensão de despedimento. Efeitos da decisão. Reintegração. Força executiva. Sanção pecuniária compulsória.

Ac. da Rel. de Lisboa, de 15-3-06, Rel. Isabel Tapadinhas, *www.dgsi.pt*

1. A decisão que decreta a suspensão do despedimento elimina provisoriamente a causa de cessação da relação laboral, pelo que o contrato volta a produzir os seus efeitos normais como se a entidade empregadora não tivesse agido contra ele.

2. Essa decisão tem força executiva relativamente aos salários em dívida, o que significa que, enquanto perdurarem os efeitos da providência cautelar de suspensão do despedimento, a entidade empregadora está obrigada a pagar os salários que se vão vencendo em cada mês, como se o trabalhador estivesse ao serviço; se pretender que o trabalhador preste a sua actividade como estando na execução normal do contrato, deverá convocá-lo e, na hipótese contrária, não age. No entanto, no cumprimento da norma referida, deverá sempre pagar o salário que se for vencendo em cada mês.

3. Daqui decorre que a iniciativa para a prestação de trabalho cabe ao empregador: ele não é obrigado a reintegrar, ainda que provisoriamente, o trabalhador; mas se pretender tudo não perder, convoca-o para trabalhar; caso contrário, não convoca; de qualquer modo, tem de pagar sempre os salários.

4. É admissível a fixação de sanção pecuniária compulsória no âmbito de uma providência cautelar de suspensão de despedimento mas como a suspensão de despedimento decretada não decorre para a entidade patronal a obrigação de reintegrar o trabalhador, ainda que provisoriamente, a sanção pecuniária aplicar é a prevista art. 829.º-A, n.º 4, do CC e não a referida no n.º 1 do mesmo preceito.

Suspensão de despedimento. Retribuições recebidas.

Ac. da Rel. de Lisboa, de 16-11-05, Rel. Ramalho Pinto, *www.dgsi.pt*, e CJ, tomo V, pág. 157

O trabalhador não está obrigado a devolver à entidade patronal as quantias que recebeu, por força da caução prestada pelo empregador, a título de salários vencidos na pendência do recurso interposto, pelo último, da decisão que decretou a suspensão do despedimento, mesmo que seja julgado procedente tal recurso e improcedente a acção de impugnação de despedimento respectiva.

Suspensão de despedimento. Pagamento de retribuições.

Ac. do STJ, de 22-6-05, CJSTJ, tomo II, pág. 266

1. O decretamento da suspensão provisória do despedimento tem como efeito a paralisação provisória dos efeitos do despedimento promovido pela entidade patronal, até que seja decidida, na respectiva acção de impugnação, a verificação ou não de justa causa de despedimento.

2. Assim, uma vez decretado, o contrato de trabalho retoma a sua eficácia, embora em termos cautelares e transitórios, até decisão final, ficando a entidade patronal obrigada a pagar ao trabalhador as retribuições, ainda que este não preste a sua actividade, salvo se aquela, tendo reclamado tal prestação, convocando-o, para o efeito, o mesmo injustificadamente, não se apresentar ao serviço.

3. É à entidade patronal que cabe o ónus de alegar e provar os factos integradores dessa iniciativa.

...

Suspensão de despedimento. Pagamento de retribuições.

Ac. da Rel. do Porto, de 17-5-04, Rel. Ferreira da Costa, *www.dgsi.pt*

No período que medeia entre a decisão de suspensão do despedimento e a decisão que julga a acção de impugnação do mesmo, o empregador está obrigado a pagar ao trabalhador despedido as retribuições entretanto vencidas, tanto na hipótese de ele não ter comparecido ao serviço por sua iniciativa, como na hipótese de o empregador o não ter convocado para retomar o trabalho.

Suspensão de despedimento. Efeito da decisão.

Ac. da Rel. do Porto, de 19-5-03, CJ, tomo III, pág. 230

1. Decretada a suspensão do despedimento, o contrato de trabalho mantém-se, estando a entidade patronal obrigada ao pagamento das respectivas retribuições e o trabalhador, se aquela assim o permitir, a reocupar o seu posto de trabalho, notificando-o para esse efeito.

2. Dispensado o trabalhador de prestar trabalho e de comparecer nas instalações da entidade patronal, sob alegação de *"negociações tendentes à cessação do contrato de trabalho por acordo mútuo"*, não pode esta, quando aquele se apresentar ao serviço, despedi-lo, mediante processo disciplinar, por ter incorrido em faltas injustificadas, desde a data da suspensão do primeiro despedimento.

3. Assim, a decisão da entidade patronal de despedimento do trabalhador, com fundamento em faltas injustificadas, deve ser qualificada abusiva, não só por este não ter praticado qualquer comportamento culposo mas também por aquela não ignorar que o mesmo tinha já intentado acção visando a declaração de ilicitude do primeiro despedimento.

Suspensão de despedimento. Efeito da decisão. Recurso de apelação.

Ac. da Rel. do Porto, de 1-3-99, CJ, tomo II, Rel. Sousa Peixoto

1. O recurso da decisão que ordena a providência cautelar da suspensão do despedimento tem efeitos meramente devolutivo, dado o perigo da lesão do direito implicar imediata exequibilidade da decisão.

2. A entidade patronal pode obter o efeito suspensivo se, no acto da sua interposição, depositar a quantia correspondente a seis meses de vencimento do trabalhador.

3. Tal caução, além de garantir o cumprimento da obrigação, destina-se também a pagar ao trabalhador as retribuições que se forem vencendo durante a pendência do recurso, se o requerer e provar que continua na situação de desemprego.

4. Sendo a decisão da suspensão do despedimento revogada, o trabalhador não é obrigado a devolver as quantias recebidas, por força da caução.

5. É que não apresentando a providência cautelar a configuração duma medida sujeita a condição resolutiva, mas antes a de uma medida a termo, a eficácia das medidas cautelarmente ordenadas mantém-se até à decisão final e definitiva a proferir na acção principal.

II
PROTECÇÃO DA SEGURANÇA, HIGIENE E SAÚDE NO TRABALHO

ART. 44.º
(Âmbito e legitimidade)

1 – Sempre que as instalações, locais e processos de trabalho se revelem susceptíveis de pôr em perigo, sério e iminente, a segurança, a higiene ou a saúde dos trabalhadores, para além do risco inerente à perigosidade do trabalho a prestar, podem estes, individual ou colectivamente, bem como os seus representantes, requerer ao tribunal as providências que, em função da gravidade da situação e das demais circunstâncias do caso, se mostrem adequadas a prevenir ou a afastar aquele perigo.

2 – O requerimento das providências a que se refere o número anterior não prejudica o dever de actuação de quaisquer outras autoridades competentes.

ART. 45.º
(Exame)

1 – Apresentado o requerimento, o juiz pode determinar a realização, pela entidade com competência inspectiva em matéria laboral, de exame sumário às instalações, locais e processos de trabalho, com vista à detecção dos perigos alegados pelo requerente.

2 – O relatório do exame a que se refere o número anterior deve ser apresentado em prazo a fixar pelo juiz, não superior a 10 dias.

ART. 46.º
(Deferimento das providências)

1 – Produzidas as provas que forem julgadas necessárias, o juiz ordena as providências adequadas se adquirir a convicção de que, sem elas, o perigo invocado ocorrerá ou subsistirá.

2 – O decretamento das providências não prejudica a responsabilidade civil, criminal ou contra-ordenacional que ao caso couber, nos termos da lei.

---

1. Providência específica

1.1. Estamos perante medida cautelar que visa prevenir ou debelar situações que ponham em causa direitos fundamentais dos trabalhadores, aliás, com previsão no art. 59.º da Constituição, onde se tutela a prestação de trabalho *"em condições de higiene e segurança"*. O mesmo direito encontra desenvolvimentos nos arts. 281.º e segs. do Cód. do Trabalho.[81]

A situação de *periculum in mora* definida pela norma em referência poderia encontrar guarida em providência cautelar não especificada veiculada pelo procedimento comum. Ainda assim, o legislador quis inequivocamente tutelar os interesses em presença, eliminando as dúvidas que eventualmente pudessem suscitar-se.

A consagração expressa dessa forma de tutela serve ainda a dupla finalidade de vincar um direito fundamental dos trabalhadores e a respec-

---

[81] Sobre o tema cfr. PAULA QUINTAS, *Manual de Direito da Segurança, Higiene e Saúde no Trabalho*, MANUEL ROXO, *Segurança e Saúde no Trabalho: Avaliação e Controlo dos Riscos*, MILENA SILVA ROUXINOL, *A Obrigação de Segurança e Saúde do Empregador*, e CHRISTINE MARTIN, *Avaliação do Risco em Segurança, Higiene e Saúde no Trabalho*.

Cfr. ainda a Lei n.º 102/2009, de 10 de Setembro, que regulamentou o disposto no art. 284.º do CPT, sobre o novo regime jurídico de promoção da segurança e saúde no trabalho.

Protecção da segurança, higiene e saúde no trabalho 103

tiva tutela jurisdicional e de alertar os responsáveis para a necessidade de introduzirem melhorias nas condições de trabalho.[82]

1.2. Como resulta da letra da lei, a providência específica não se dirige à perigosidade inerente ao próprio trabalho, mas apenas às circunstâncias que agravem, desnecessária e injustificadamente, o exercício de uma profissão por conta de outrem, respeitem elas às instalações, aos locais ou aos processos de trabalho.[83]

Por outro lado, não é qualquer circunstância que justifica a adopção de medidas preventivas, mas apenas aquelas que coloquem em perigo sério e iminente aqueles interesses, sendo evidente o paralelismo que se verifica entre a formulação normativa e aquela que no CPC serviu para regulamentar as providências não especificadas.

1.3. Não existem especificidades a assinalar, a não ser a legitimidade extraordinária concedida às associações representativas dos trabalhadores.

Sendo admissíveis todos os meios de prova, determina a lei a possibilidade de ser solicitada a intervenção da entidade com competência inspectiva, cujo exame das instalações, locais ou processos de trabalho, para além de servir de meio de prova a utilizar pelo tribunal, pode constituir ainda o pretexto para o exercício de outras tarefas que a lei lhe comete e para o accionamento dos mecanismos coercivos ou sancionatórios ajustados.

2. Tramitação

2.1. No requerimento inicial o requerente descreverá pormenorizadamente os motivos que o levam a requerer a adopção de providências, culminando com a assunção clara da medida cautelar que no seu entender deverá ser determinada pelo tribunal.

Se não houver motivos para proferir outra decisão, o procedimento poderá iniciar-se com a determinação do exame à entidade competente, o que se revela uma diligência que, com objectividade, pode esclarecer a realidade.

---

[82] Como se refere no Preâmbulo do diploma que aprovou o novo CPT, tendo como pano de fundo a elevada incidência de acidentes de trabalho e de doenças profissionais, pretendeu o legislador criar um *"instrumento de pedagogia individual e social de sensibilização de todos os intervenientes no mundo do trabalho"*.

[83] No mesmo sentido ABÍLIO NETO, *CPT anot.*, 4.ª ed., pág. 106.

2.2. O contraditório pode ser dispensado, atenta a aplicação do art. 385.°, n.° 1, do CPC, *ex vi* arts. 32.° e 33.° do CPT. Ainda assim, salvo se a urgência da situação o ditar, por estar em causa o fim ou a eficácia da providência, o contraditório pode revelar-se importante para a decisão, tal como pode ser importante para que o requerido adopte espontaneamente medidas com o objectivo de sanar a situação de perigo existente.

2.3. Recebido que seja o relatório inspectivo, o juiz convoca as partes para a audiência final, a que deverão comparecer, ainda que em casos de justificada impossibilidade de comparência, possam fazer-se representar por mandatário com poderes especiais (art. 32.°, n.° 2, do CPT).

A oposição deve ser apresentada até ao início da audiência final, nela se integrando os meios de defesa e os meios de prova.

Produzidas as provas que forem julgadas necessárias e efectuadas as diligências complementares cabe decidir.

Adquirida a convicção acerca da gravidade da situação, deverá o juiz decretar as medidas cautelares que concretamente se revelarem mais adequadas, ponderando, além do mais, as que sejam indicadas pela entidade auscultada. Poderá solicitar a intervenção das autoridades, se tal se mostrar necessário para o cumprimento das obrigações impostas.[84]

Atenta a amplitude das medidas que, em abstracto, podem servir para eliminar a situação de perigo, cabe ao juiz determinar aquela que se revelar mais adequada à concreta situação, fazendo uso do princípio da proporcionalidade.

Se acaso tiver sido requerida, pode justificar-se a aplicação de *sanção pecuniária compulsória*, como instrumento capaz de tornar efectiva a medida cautelar.

2.4. É claro que a medida cautelar não pode ser substituída por caução, do mesmo modo que o seu decretamento não pode ficar condicionado pela prestação de caução por parte do requerente (arts. 387.°, n.° 3, e 390.°, n.° 2, do CPC).

2.5. O recurso está sujeito às regras gerais, devendo ser interposto no prazo de 10 dias. Sendo indeferida a providência, o recurso sobe nos próprios autos e com efeito suspensivo; sendo deferida, o recurso sobe em separado e com efeito meramente devolutivo (arts. 83.° e 83.°-A do CPT).

---

[84] Cfr. Amâncio Ferreira, *Curso de Processo de Execução*, 11.ª ed., pág. 493.

III

PROCEDIMENTO CAUTELAR COMUM

ART. 32.º
(Procedimento)

1 – Aos procedimentos cautelares aplica-se o regime estabelecido no Código de Processo Civil para o procedimento cautelar comum, com as seguintes especialidades:

a) Recebido o requerimento inicial, é designado dia para a audiência final;

b) Sempre que seja admissível oposição do requerido, esta é apresentada até ao início da audiência;

c) A decisão é sucintamente fundamentada e ditada para a acta.

2 – Nos casos de admissibilidade de oposição, as partes são advertidas para comparecerem pessoalmente ou, em caso de justificada impossibilidade de comparência, fazer-se representar por mandatário com poderes especiais para confessar, desistir ou transigir, na audiência, na qual se procederá à tentativa de conciliação.

3 – Sempre que as partes se fizerem representar nos termos do número anterior, o mandatário deve informar-se previamente sobre os termos em que o mandante aceita a conciliação.

4 – A falta de comparência de qualquer das partes ou dos seus mandatários não é motivo de adiamento.

ART. 33.º
(Aplicação subsidiária)

O disposto no artigo anterior é aplicável aos procedimentos cautelares previstos na secção seguinte em tudo quanto nesta se não encontre especialmente regulado.

---

1. Introdução
1.1. A matéria da tutela cautelar sofreu uma profunda remodelação com o CPT de 1999. Todavia, no que concerne à extensão do seu âmbito, só aparentemente pode ver-se aí uma verdadeira inovação.[85]

Com efeito, na vigência do anterior diploma, o recurso supletivo ao disposto no CPC já permitia o aproveitamento da tutela cautelar comum enquadrada no acesso ao direito e aos tribunais genericamente consagrado no art. 2.º do CPC. Ainda que faltasse uma disposição expressa nesse sentido, dever-se-ia admitir a transposição para o foro laboral dos procedimentos cautelares com função instrumental relativamente aos processos em que se discutissem questões atinentes ao direito do trabalho.

Efectivamente, a par da consagração abstracta de direitos, o sistema jurídico tinha de garantir a sua realização efectiva, concedendo aos respectivos titulares os instrumentos de tutela quando razões alheias à sua vontade se conjugassem para impedir ou dificultar a respectiva exercitação. Destarte, nenhumas razões justificavam o afastamento da tutela cautelar do âmbito dos direitos definidos pela legislação do trabalho.[86] Pelo contrário, as especificidades da relação jurídico-laboral, a dependência do trabalhador em relação ao posto de trabalho, as desigualdades substanciais, ainda que sob uma aparente igualdade formal, ou a dificuldade de impor o cumprimento de determinados direitos legalmente consagrados, para além de justificarem a adopção de instrumentos específicos, aconselhavam a generalização ao foro laboral dos procedimentos cautelares previstos no direito civil.

---

[85] Cfr. ABRANTES GERALDES, *Temas da Reforma do Processo Civil*, vol. IV, 3.ª ed. *(Procedimentos Cautelares Especificados)*, págs. 342 e segs.

[86] Cfr. também MARIA ADELAIDE DOMINGOS, *Procedimentos cautelares laborais*, em *Estudos do Instituto do Direito do Trabalho*, vol. V, págs. 37 e segs.

Procedimento cautelar comum   107

Enfim, desde que o conteúdo do direito laboral substantivo ou a índole própria do direito adjectivo não rejeitassem qualquer das formas de tutela definitiva ou cautelar, uma vez detectada uma norma atributiva de um direito, qualquer que fosse a sua natureza, e reunidas as condições para a sua concreta exercitação, o interessado, para além de formular a correspondente pretensão através da adequada acção declarativa (condenatória, constitutiva ou de simples apreciação), poderia igualmente solicitar a adopção de medidas urgentes colhidas directamente da legislação laboral ou, supletivamente, do direito comum.[87]

1.2. A necessidade de garantir o recurso a medidas de tutela provisória, antes da definição do direito no caso concreto, é comum a todas as jurisdições, a todas as áreas de intervenção dos tribunais judiciais e, dentro destes, a todos os ramos de direito privado.

Malgrado o processo do trabalho ser estruturado com base em mecanismos processuais especialmente expeditos, não escapa aos perigos derivados da natural ou da anormal morosidade na resolução definitiva dos litígios que lhe são submetidos. Correspondentemente, também os respectivos interessados reclamam a previsão de meios, ainda que provisórios, susceptíveis de acautelar os direitos em discussão.

Analisada a questão na perspectiva do trabalhador – que é quem estatisticamente mais solicita a intervenção dos tribunais do trabalho – podemos até adiantar que a concessão da tutela cautelar encontra aí um fértil terreno de frutificação.

---

[87] No Ac. da Rel. de Évora, de 3-3-88, CJ, tomo II, pág. 281, a respeito da aplicação de uma medida disciplinar ilegal de suspensão de vencimento por 180 dias, defendeu-se firmemente o recurso a uma providência não especificada para evitar os efeitos da referida medida. No mesmo sentido cfr. o Ac. da Rel. de Évora, de 31-1-85, CJ, tomo I, pág. 339.

No Ac. da Rel. de Lisboa, de 9-10-96, CJ, tomo IV, pág. 185, acolheu-se a pretensão cautelar de um trabalhador cujo horário de trabalho foi unilateralmente modificado, alterando hábitos de vida que se mantinham há 25 anos.

No Ac. da Rel. de Lisboa, de 13-11-96, CJ, tomo V, pág. 165, considerou-se admissível uma providência inominada destinada a impedir a alienação ou oneração de bens pertencentes a uma seguradora estrangeira que pretendia encerrar toda a sua actividade em Portugal. Atento o princípio da especialidade, ao caso ajustar-se-ia o arresto.

A exigência de tutela antecipada emerge, além do mais, da especial natureza da relação jurídico-laboral, da importância que para a subsistência do trabalhador ou do respectivo agregado familiar advém da manutenção do vínculo laboral e do cumprimento por parte da entidade patronal da obrigação sinalagmática de proceder ao pagamento atempado da retribuição ou de cumprir outras obrigações principais ou acessórias, legal ou contratualmente previstas.

A dependência exclusiva dos mecanismos normais não esconjura os riscos de comportamentos dilatórios susceptíveis de provocar o arrastamento da decisão definitiva ou da respectiva execução. Por isso, como sucede no processo civil comum, pressuposta a existência de um direito subjectivo em situação de perigo de lesão grave e irreparável ou de difícil recuperação, pode justificar-se a adopção de medidas preventivas ou antecipatórias dos direitos cuja apreciação incumbe aos tribunais do trabalho.

1.3. Os procedimentos cautelares são um instrumento processual privilegiado para protecção eficaz de direitos subjectivos ou de outros interesses juridicamente relevantes. Representam uma antecipação ou garantia de eficácia relativamente ao resultado do processo principal e assentam numa análise sumária (*"summaria cognitio"*) da situação de facto que permita afirmar a provável existência do direito (*"fumus boni juris"*) e o receio justificado de que o mesmo seja seriamente afectado ou inutilizado se não for decretada uma determinada medida cautelar (*"periculum in mora"*). São, afinal, uma antecâmara do processo principal, possibilitando a emissão de uma decisão interina ou provisória destinada a atenuar os efeitos erosivos decorrentes da demora na resolução definitiva ou a tornar frutuosa a decisão que, porventura, seja favorável ao requerente.

Os diplomas processuais, tanto o CPC como o CPT, referem-se tanto a *"procedimentos"* como a *"providências"* cautelares. Mas tendo em conta o contexto em que surge cada uma delas, o critério seguido pelo legislador, que deve ser acatado pelo jurista quando se debruça sobre a matéria, assenta no seguinte: as expressões «*providência*» ou «*providência cautelar*» reportam-se às medidas que concretamente podem ser requeridas ou deferidas, correspondendo às pretensões de direito material; já para traduzir a vertente adjectiva ou procedimental das medidas cautelares, ligada à especial forma que deve ser adoptada, ao conjunto de actos processuais a realizar, à respectiva sequência ou tramitação ou ao seu suporte material, serve a expressão «*procedimentos cautelares*» referida em diversas disposições dos arts. 32.º e segs. do CPT.

1.4. O actual regime processual é expresso ao admitir o recurso *subsidiário* às normas que no CPC regulam o procedimento cautelar comum.

Tal a remissão não serve apenas para preencher lacunas de regulamentação quanto à tramitação do procedimento, envolvendo também a possibilidade de, através do recurso ao art. 381.º do CPC, transportar para o processo do trabalho todo o género de providências cautelares não especificadas que se revelem adequadas a garantir a tutela eficaz de direitos emergentes da relação jurídico-laboral.[88]

Deste modo, por expressa vontade do legislador, somos transportados para o figurino do procedimento cautelar comum, sujeito à regulamentação prevista nos arts. 381.º a 392.º do CPC, moldável às necessidades do foro laboral.

Desde que se verifiquem as circunstâncias que justifiquem a intervenção imediata do tribunal, nada impede que, antecedendo ou acompanhando uma acção inserida na esfera de competência dos tribunais do trabalho, sejam solicitadas as medidas ajustadas a acautelar a lesão efectiva, a assegurar a manutenção da situação existente ou a conferir ao interessado a antecipada tutela do seu direito.[89]

1.5. Mas o *princípio da especialidade* na distribuição dos instrumentos de tutela jurisdicional de direitos implica que só possa recorrer-se ao procedimento cautelar comum quando o risco que se pretende prevenir não se seja acautelado por providência específica do foro laboral ou do foro comum.[90]

---

[88] Antes da reforma do processo civil comum de 1996, a subsidiariedade das medidas cautelares deveria buscar-se no art. 399.º do CPC (cfr. MOITINHO DE ALMEIDA, *CPT anot.*, pág. 33).

[89] Sobre as *providências antecipatórias* no âmbito do CPT cfr. FERREIRA DA SILVA, *Questões Laborais*, n.º 15, pág. 69.

[90] Cfr. ABRANTES GERALDES, *Temas da Reforma do Processo Civil*, vol. III, 4.ª ed., *(Procedimento Cautelar Comum)*, em anotação ao art. 381.º do CPC, e MORGADO DE CARVALHO, *O procedimento cautelar comum no processo laboral*, em *Estudos Jurídicos em Homenagem ao Prof. Doutor António de Motta Veiga*, pág. 209 e segs.

110   *Suspensão de Despedimento*

Tal subsidiariedade não se reporta tanto ao direito ameaçado, antes ao risco de lesão especialmente prevenido por cada uma das providências específicas. Cada direito pode ser servido por diversas providências e, portanto, mais do que associá-lo a uma específica, importa averiguar quais os pressupostos que o legislador teve em mente ao consagrar uma determinada medida cautelar.

Para além de se identificar o direito, torna-se necessário invocar a existência de uma situação perigo de lesão que não se insira no âmbito de uma providência específica.[91] Como refere Teixeira de Sousa, «a subsidiariedade pressupõe que nenhuma providência nominada seja abstractamente aplicável e não que a providência aplicável em abstracto deixe de o ser por motivos respeitantes ao caso concreto».[92]

Para determinar, por exclusão, o campo de aplicação do procedimento cautelar comum importa averiguar previamente qual a *situação de perigo* abstractamente prevista pelo legislador quando regulou uma determinada providência específica.

1.6. Prevendo a lei procedimentos específicos e uma forma de procedimento residual (comum) e vigorando no nosso sistema o princípio da legalidade das formas processuais, o recurso aos procedimentos cautelares deve pautar-se pelas seguintes regras:

a) Cada procedimento tem o seu âmbito de aplicação limitado à providência ou providências a que se destina;

b) Só é legítimo o recurso ao procedimento cautelar comum se para a medida pretendida não houver um procedimento cautelar específico;

c) O recurso enviesado a uma determinada providência cautelar não especificada não pode servir para ultrapassar obstáculos que a própria lei coloque a determinadas medidas específicas.[93]

---

[91] Cfr. LEBRE DE FREITAS, *CPC anot.*, vol. II, pág. 5. No mesmo sentido RUI PINTO, *A Questão de Mérito na Tutela Cautelar*, págs. 186 e 187.

[92] *Estudos Sobre o Processo Civil*, 2.ª ed., pág. 242. No mesmo sentido LOPES DO REGO, *Comentários ao CPC*, pág. 276.

[93] Designadamente, não pode o interessado solicitar uma providência cautelar materialmente equivalente à suspensão de despedimento se, por exemplo, deixou decorrer o prazo de caducidade previsto no art. 386.º do Cód. do Trabalho (cfr. o Ac. da Rel. de Lisboa, de 20-2-85, CJ, tomo I, pág. 237, e o Ac. da Rel. de Coimbra, de 24-6-86, CJ, tomo III, pág. 111).

E, assim, podemos concluir que:

a) A *suspensão de despedimento* individual ou colectivo destina-se a sustar o acto do empregador que se tenha traduzido na cessação unilateral do contrato de trabalho com fundamento na sua ilicitude, sendo instrumental relativamente à acção principal de impugnação do despedimento;

b) As medidas de *protecção da segurança, higiene e saúde* no trabalho têm por objectivo superar uma situação de risco iminente em que se encontrem as instalações, locais ou processos de trabalho que exceda o risco inerente à própria perigosidade do trabalho;

c) A atribuição de *pensão ou de indemnização provisória* no âmbito de acidente de trabalho (materialmente correspondente a uma medida cautelar de natureza antecipatória) pressupõe a verificação das condições previstas nos arts. 121.º e 122.º do CPT.

Por seu lado, como também as medidas específicas do processo comum têm o seu campo de aplicação bem delimitado, só é admissível recorrer ao procedimento cautelar comum se a concreta situação de perigo não se mostrar coberta por qualquer delas.

Assim:

a) O *arresto*, quando referente a créditos laborais, destina-se exclusivamente a assegurar a garantia patrimonial desses créditos, pressupondo uma situação de perigo de perda da garantia patrimonial (art. 406.º do CPC);

d) O *arrolamento*, quando seja instrumental de uma acção da competência dos tribunais do trabalho, é a medida cautelar que se destina a evitar o extravio, ocultação ou dissipação de bens ou de documentos (art. 421.º do CPC);

c) O *arbitramento de reparação provisória*, quando se adeqúe às relações laborais, visa antecipar uma indemnização decorrente de morte ou lesão corporal ou compensar um dano susceptível de pôr seriamente em causa o sustento ou a habitação (art. 403.º do CPC).

2. A tutela cautelar comum no direito do trabalho

2.1. O fundado receio de lesão grave e dificilmente reparável é o motivo que pode justificar o acesso a medidas cautelares inespecíficas, o qual tanto pode manifestar-se antes de ser proposta a acção como, depois, na sua pendência. Desde que a situação de *"periculum in mora"* o exija, justifica-se a adopção de medidas tendentes a superar essa situação e a evitar a consumação do risco.

112 Suspensão de Despedimento

2.2. Ponderando casuisticamente a natureza do direito e a gravidade da previsível violação, de entre as áreas do *direito laboral* onde se pode suscitar a intervenção de providências cautelares não especificadas podemos enunciar, ainda que sem carácter taxativo, as seguintes:[94]

– Direitos de personalidade do trabalhador constitucional ou legalmente previstos (*v.g.* arts. 14.º e segs. do Cód. do Trabalho);[95]

– Transferência ilegítima do local de trabalho, com efeitos negativos no estado de saúde do trabalhador ou geradora de graves difi-

---

[94] SOUSA PINHEIRO, em *O Procedimento Cautelar Comum no Direito Processual do Trabalho*, 2.ª ed., págs. 141 e segs., acompanha e amplia esta exemplificação, referindo a transferência ilegítima do trabalhador para outro local de trabalho, a violação do direito do trabalhador à ocupação efectiva, a aplicação de sanções disciplinares proibidas por lei ou abusivas, a mudança unilateral do horário de trabalho, a violação das normas sobre períodos de descanso, a violação das normas sobre gozo ou marcação de férias, o exercício ilegítimo do "*jus variandi*", a privação total ou parcial da retribuição, ofensas aos direitos de personalidade do trabalhador, a violação das normas sobre protecção da maternidade e a violação das regras sobre liberdade sindical. Cfr. ainda PAULO MORGADO DE CARVALHO, *O procedimento cautelar comum no processo laboral*, em *Estudos Jurídicos em Homenagem ao Prof. Doutor António de Motta Veiga*, págs. 242 e segs.

[95] Como refere CAPELO DE SOUSA, na sua obra *O Direito Geral de Personalidade*, pág. 100, «no âmbito das relações jurídicas entre os sujeitos participantes na produção de bens e entre produtores e consumidores, vêm-se incorporando normas de tutela da personalidade humana, enquanto tal».

Determinados comportamentos lesivos dos direitos de natureza pessoal ou da dignidade humana sempre encontrarão no sistema jurídico globalmente apreciado a conveniente tutela. Se as circunstâncias do caso concreto permitirem a afirmação da gravidade da previsível lesão e da irreparabilidade ou da difícil reparação das respectivas consequências, não há que duvidar do recurso a medidas cautelares preventivas ou antecipatórias ajustadas à situação.

É verdade que nos novos arts. 186.º-D a 186.º-F do CPT se regula o novo *processo especial de tutela da personalidade* do trabalhador a que é atribuída natureza urgente. Em regra, tal característica levará a que na generalidade dos casos não haja necessidade de recorrer a procedimento cautelar. Mas não está afastada a possibilidade de requerer medidas cautelares se acaso a situação concreta exigir uma intervenção urgentíssima que não se compadeça com os prazos previstos para a tramitação da acção principal.

Procedimento cautelar comum

culdades na prestação de assistência a familiares incapazes ou doentes;[96]

– Alteração do horário de trabalho lesando gravemente direitos do trabalhador;[97]

– Situações em que se pretenda a suspensão da aplicação de sanção disciplinar[98] ou evitar a aplicação de sanção disciplinar de suspensão fora do quadro sancionatório típico, designadamente com suspensão de pagamento dos salários;[99]

– Falta de pagamento de retribuições que coloque o trabalhador em graves dificuldades da sua subsistência e respectivo agregado familiar;[100]

---

[96] Cfr. MENDES BAPTISTA, em *CPT anot.*, 2.ª ed., págs. 92 e 93, e em *A mobilidade geográfica dos trabalhadores à luz do novo Código do Trabalho*, em *Sub Judice*, n.º 27.º, pág. 93, e o Ac. da Rel. de Lisboa, de 12-7-06, *www.dgsi.pt*.

[97] Cfr. MENDES BAPTISTA, *CPT anot.*, pág. 81, o Ac. da Rel. de Lisboa, de 9-10-96, CJ, tomo IV, pág. 185, e os Acs. da Rel. do Porto, de 9-10-96, CJ, tomo IV, pág. 185, e de 19-6-06, *www.dgsi.pt*.

[98] Cfr. os Acs. da Rel. de Lisboa, de 18-5-05, e de 12-9-07, *www.dgsi.pt*.

[99] Cfr. os Acs. da Rel. de Évora, de 3-3-88, CJ, tomo II, pág. 281, e de 31-5-85, CJ, tomo I, pág. 339.

[100] No mesmo sentido cfr. SOUSA PINHEIRO, *O Procedimento Cautelar Comum no Direito Processual do Trabalho*, 2.ª ed., págs. 210 e segs.

Desta forma, a providência cautelar exercerá função semelhante à que é atribuída ao *arbitramento de reparação provisória* emergente da responsabilidade civil, com apoio directo no art. 381.º, n.º 1, do CPC, onde se prevê, sem restrições atinentes à natureza do direito ou da relação jurídica de que deriva, a possibilidade de ser deferida a antecipação dos efeitos da sentença, verificadas que sejam determinadas circunstâncias.

Quando estiver em causa não o pagamento de retribuições correspondentes a prestação de trabalho, mas o pagamento de indemnização devida pela cessação do contrato de trabalho por iniciativa do trabalhador, nos termos dos arts. 394.º, n.º 1, al. a), e 396.º do Cód. do Trabalho, a medida que se ajusta será o arbitramento de reparação provisória, desde que se verifiquem os requisitos do art. 403.º, n.º 3, do CPC.

Note-se que, em Itália, é amplamente admitida a medida antecipatória em relação a créditos laborais, quando estes não sofram contestação ou nos casos em que, apesar de contestados, se formule um juízo de probabilidade quanto à sua existência. Em qualquer dos casos, dispensa-se a prova de uma situação de necessidade (cfr. MONICA ZUCCHI, "*L'ordinanza di pagamento delle somme non con-*

Suspensão de Despedimento

- Exercício do direito de ocupação efectiva por parte do trabalhador;[101]
- Desrespeito das regras sobre qualificação profissional do trabalhador, com resultados vexatórios, ou esvaziamento das tarefas adstritas ao trabalhador, ainda que com imposição de permanência no local de trabalho;[102]
- Violação grave das normas sobre períodos de descanso, descanso semanal ou gozo de férias;
- Violação grave das normas sobre protecção da maternidade e paternidade;
- A requerimento do empregador, pedido de restituição de bens entregues ao trabalhador depois de ter cessado a relação de trabalho.[103]

3. Procedimento cautelar comum

3.1. Na falta de regulamentação especial, os requisitos externos do requerimento inicial devem ser encontrados através da conjugação do art. 384.º, n.º 3, e dos arts. 302.º a 304.º, sem embargo do que se extrai dos arts. 467.º e 474.º do CPC.

Os procedimentos cautelares comuns, destinados precisamente a decretar *"providências cautelares não especificadas"*, o respectivo valor será o correspondente ao prejuízo que se pretende evitar (al. d)).

Para além destes requisitos cuja verificação a lei deixou, num primeiro momento, à secretaria judicial (art. 474.º do CPC), outros deverão ser acatados, tais como a dedução da matéria de facto por artigos (art. 151.º, n.º 2, do CPC).

3.2. O objecto do procedimento é integrado pela *causa de pedir* de que o pedido constitui o imprescindível corolário lógico. Não se confunde

---

testate", na *Rivista Trimestrale di Diritto e Procedura Civile*, 1991, págs. 1025 e segs., e FILIPPO COLLIA, *"L'ordinanza per il pagamento di somme non contestate nel processo del lavoro"*, na *Rivista do Diritto Processuale*, 1994, págs. 538 e segs.).

No Ac. da Rel. de Lisboa, de 4-11-09 (*www.dgsi.pt*), considerou-se que a redução de vencimento só constitui prejuízo de difícil reparação se dele resultar a impossibilidade de satisfação das necessidades do agregado familiar do requerente.

[101] Cfr. o Ac. da Rel. de Lisboa, de 2-6-05, *www.dgsi.pt*.

[102] Cfr. o Ac. da Rel. de Lisboa, de 27-11-96, sumariado no BMJ 461.º/507.

[103] Cfr. o Ac. da Rel. de Lisboa, de 7-6-06, *www.dgsi.pt*.

Procedimento cautelar comum 115

com o objecto da acção de que depende e em relação à qual exerce uma função instrumental.

No que concerne à *matéria de facto* integradora dos requisitos legais de que depende a concessão da providência requerida, o ónus geral de alegação resulta do art. 264.°, n.° 1, do CPC. Impõe-se a alegação de factos que, a par da inclusão dos elementos integrantes do direito subjectivo, abarquem a situação de perigo justificativa da concessão de medidas preventivas ou antecipatórias.

Mais do que a transcrição dos pressupostos normativos, o ónus exige a alegação de factos concretos que, uma vez provados, permitam ao tribunal extrair as conclusões de que a lei faz depender a procedência da pretensão, quer os ligados ao direito cuja violação se pretende prevenir, quer os atinentes à situação de lesão grave e dificilmente reparável do direito que se pretende evitar.

A situação de perigo susceptível de afectar o interessado deve ser *actual*, requisito que abarca a prevenção de novos danos, em casos de lesões continuadas ou periódicas.

Estão, pois, fora da protecção cautelar comum as situações em que as lesões de direitos já estejam inteiramente consumadas.[104] Porém, já nada obsta a que, relativamente a *lesões continuadas* ou *repetidas*, seja proferida decisão que previna a continuação ou a repetição de actos lesivos.

3.3. Como corolário dos factos integradores dos requisitos legais da providência, o requerimento inicial deve terminar com a solicitação da medida ou medidas que, em concreto, se mostrem adequadas a pôr termo à situação lesiva ou perigosa para os interesses do requerente.[105]

Ainda que o juiz não esteja necessariamente vinculado à providência requerida (art. 391.°, n.° 3, do CPC), não pode dispensar-se a formulação de um *pedido* de decretamento da providência que o requerente considere adequadas para *«assegurar a efectividade do direito ameaçado»* (art. 381.°, n.° 1, do CPC), pedido que deve ser feito em termos expressos, inteligíveis e de forma compatível com os fundamentos invocados.

---

[104] Cfr. o Ac. da Rel. de Lisboa, de 8-6-93, CJ, tomo III, pág. 123, segundo o qual «a providência cautelar só resulta quando a violação do direito não estiver ainda consumada». Cfr. ainda o Ac. da Rel. do Porto, de 12-10-89, CJ, tomo IV, pág. 215.

[105] Cfr. ABRANTES GERALDES, *Temas da Reforma do Processo Civil*, vol. III, 4.ª ed. *(Procedimento Cautelar Comum)*, em anotação ao art. 381.° do CPC.

Nos termos do art. 392.°, n.° 3, com referência ao art. 31.°, n.ºs 2 e 3 do CPC, não existem impedimentos absolutos à *cumulação de providências* ou mesmo à cumulação de providências cautelares comuns com providências específicas, desde que a tramitação procedimental não seja incompatível e se verifique um interesse atendível na cumulação. Tal pressupõe ainda que se mantenha em relação a todas as medidas a relação de instrumentalidade quanto à acção principal de que o procedimento depende, nos termos do art. 383.°, n.° 1, do CPC.

3.4. Não é possível prever todo o género de medidas susceptíveis de serem adoptadas, embora estas possam inserir-se em dois tipos fundamentais: providências *conservatórias* e providências *antecipatórias*.[106]

As providências conservatórias constituem o tipo mais frequente. Como o indicia a designação, visam acautelar o efeito útil da acção principal, assegurando a permanência da situação existente enquanto não transitar em julgado a decisão na acção principal. Atenta a geometria variável que caracteriza o procedimento cautelar comum, cabem nele medidas de conteúdo diversificado que se mostrem idóneas a impedir a ocorrência de danos.

Mas tendo em conta a urgência da situação carecida de tutela, o tribunal pode *antecipar* a realização do direito que previsivelmente será reconhecido na acção principal, ainda que esta tenha por objecto pretensão de natureza potestativa.

As providências podem assumir um *conteúdo positivo*, designadamente quando consistam na autorização para a prática de determinados actos. Podem ainda integrar uma injunção para que requerido *adopte determinada conduta*.

Mas podem igualmente apresentar-se com um conteúdo eminentemente *negativo*, correspondente à intimação do requerido para se abster de certa conduta, visando-se situações em que se pretende obviar à persistência de comportamentos susceptíveis de afectar, em termos de causalidade adequada, direitos do requerente. Nestas situações, os correspondentes procedimentos estarão associados a acções em que se pretende a condenação do réu na prestação de facto negativo (de *non facere*).

---

[106] Cfr. ABRANTES GERALDES, *Temas da Reforma do Processo Civil*, vol. III, 4.ª ed. *(Procedimento Cautelar Comum)*, em anotação ao art. 381.° do CPC.

3.5. Conforme resulta da conjugação do art. 384.°, n.° 2, do CPC, com o art. 829.°-A do CC, pode ser formulado, em determinadas circunstâncias, pedido acessório de condenação no pagamento *sanção pecuniária compulsória*, com o objectivo de pressionar o requerido a cumprir a medida decretada, desde que esta se traduza em prestação de facto infungível, positivo ou negativo, não ligado a especiais qualidades científicas ou artísticas do requerido.[107]

Sem prejuízo de outras medidas, a sanção pecuniária compulsória pode constituir um instrumento de coerção adequado a tutelar eficazmente o direito de personalidade ou outros direitos de conteúdo eminentemente pessoal e que estejam em situação de perigo de violação grave.

3.6. A apresentação dos meios de prova (*maxime*, da prova testemunhal ou pericial) deve ser feita com o requerimento inicial (e com a oposição), sem embargo da apresentação de documentos, nos termos dos arts. 303.° e 384.°, n.° 3, do CPC.[108]

---

[107] Cfr. ABRANTES GERALDES, *Temas da Reforma do Processo Civil*, vol. III, 4.ª ed. *(Procedimento Cautelar Comum)*, em anotação ao art. 384.° do CPC, CALVÃO DA SILVA, *Cumprimento e Sanção Pecuniária Compulsória*, 4.ª ed., pág. 562, LEBRE DE FREITAS, *CPC anot.*, vol. II, pág. 22, o Ac. do STJ, de 27-9-01, CJSTJ, tomo III, pág. 41, e o Ac. da Rel. do Porto, de 18-3-02, CJ, tomo II, pág. 201.

[108] No Ac. da Rel. de Lisboa, de 5-6-86, CJ, tomo III, pág. 103, e nos Acs. da Rel. do Porto, de 25-1-96, CJ, tomo I, pág. 208, e de 11-10-93, CJ, tomo IV, pág. 222, considerou-se inadmissível a junção de elementos de prova fora do requerimento inicial ou da oposição. Mas esta última decisão foi revogada pelo Ac. do STJ, de 9-2-95, BMJ 444.°/542, admitindo a junção de documentos na sessão de inquirição das testemunhas, seguindo-se a doutrina que já fora adoptada no Ac. da Rel. de Lisboa, de 20-6-91, CJ, tomo III, pág. 156, no sentido da prevalência do art. 523.°, n.° 2.

Esta solução que atribui prevalência ao disposto no art. 523.°, n.° 2, também é defendida por LEBRE DE FREITAS, *CPC anot.*, vol. II, pág. 15, e foi assumida no Ac. da Rel. de Évora, de 17-1-02, CJ, tomo I, pág. 259, nos Acs. da Rel. de Lisboa, de 20-2-01, CJ, tomo I, pág. 125, e de 29-10-98 (*www.dgsi.pt*), e no Ac. da Rel. do Porto, de 17-1-02, CJ, tomo I, pág. 259.

O novo art. 693.°-B do CPC, reportando-se à apresentação de documentos em sede de recursos, constitui um argumento adicional para a admissibilidade de junção de documentos fora do requerimento inicial ou da oposição.

As partes podem valer-se de todos os meios de prova, com ressalva das disposições especiais ou de normas de direito probatório material, sendo de notar que a lei confere ao juiz a possibilidade de recusar determinadas diligências, se as reputar dispensáveis, do mesmo modo que lhe concede a faculdade de promover aquelas que entender necessárias para a boa decisão da providência (art. 386.º, n.º 1, do CPC).

As testemunhas estão limitadas a oito, ainda que sobre cada facto apenas sejam admitidas a depor três (arts. 304.º e 384.º, n.º 3, do CPC).

4. Tramitação

4.1. As providências cautelares dependem praticamente em absoluto de uma acção já instaurada ou a instaurar, acautelando ou antecipando provisoriamente os efeitos da decisão definitiva, na pressuposição de que esta será favorável ao requerente, devendo, por isso, ajustar-se ao objecto da *acção principal.*[109]

A identidade entre o direito acautelado e o que se invoca na acção principal impõe, pelo menos, que o facto que serve de fundamento à providência integre a *causa de pedir* da acção principal.

Ainda que não seja formalmente necessária a indicação expressa da acção que se pretende instaurar, deve transparecer do requerimento com que se inicia o procedimento preliminar que a medida pretendida constitui a preparação de uma providência final.

A utilidade da providência surge com mais evidência antes de ser proposta a acção, tendo em vista esconjurar os perigos que para a eficácia da decisão inerentes a determinadas actuações do requerido no sentido de impedir ou a dificultar a obtenção de qualquer efeito útil.

Quando a providência é requerida na pendência da causa, deve correr necessariamente por apenso ao processo principal. Nestes casos, a *competência por conexão* sobrepõe-se aos restantes critérios.

De acordo com o disposto no n.º 2 do art. 383.º do CPC, o procedimento antecipado é apensado «*logo que a acção seja instaurada*». Quer a requerimento dos interessados, quer oficiosamente, o juiz que tem a seu cargo o procedimento deve remetê-lo para apensação ao processo principal. Por seu lado, o juiz a quem foi distribuída a acção principal deve soli-

---

[109] Cfr. ABRANTES GERALDES, *Temas da Reforma do Processo Civil*, vol. III, 4.ª ed. *(Procedimento Cautelar Comum)*, em anotação ao art. 383.º do CPC.

Procedimento cautelar comum 119

citar igualmente a sua apensação quando tomar conhecimento da pendência do procedimento (art. 83.°, n.° 2, do CPC).

4.2. A tramitação do procedimento obedece aos seguintes *parâmetros* essenciais:

a) Natureza urgente dos procedimentos, sendo tramitados durante as férias judiciais (arts. 143.°, n.° 1, e 382.° do CPC);[110]

b) Possibilidade de ser dispensado o contraditório, nos termos do art. 385.°, n.° 1, do CPC;

c) Redução a dois do número de articulados: requerimento e oposição;[111]

d) Apresentação da oposição até ao início da audiência final que designada logo no despacho liminar (art. 32.°, n.° 1, al. b), do CPT);

e) Apresentação dos meios de prova logo com o requerimento inicial ou com a oposição;

f) Simplificação e concentração processual (art. 304.°, *ex vi*, art. 384.°, n.° 3, do CPC);

g) Inadmissibilidade, em regra, dos incidentes de intervenção de terceiros.[112]

---

[110] Segundo o Ac. de Uniformização de Jurisprudência do STJ, n.° 9/09, no D.R., I Série, de 19-5-09, *"os procedimentos cautelares revestem carácter urgente mesmo na fase de recurso"*. Tal doutrina afasta irremediavelmente interpretações diversas que, por exemplo, limitem a urgência à tramitação anterior à decisão cautelar, excluindo esse factor de aceleração na fase posterior ou na fase de recurso.

[111] No entanto, deve atentar-se no disposto no art. 3.°, n.° 4, do CPC, aplicável mesmo em sede de procedimentos cautelares, que faculta ao requerente a resposta às excepções porventura invocadas na oposição à providência (*v.g.* ilegitimidade, incompetência absoluta, etc.) no início da audiência destinada à produção da prova.

[112] Neste sentido cfr. LEBRE DE FREITAS, *CPC anot.*, vol. II, pág. 15, e RITA BARBOSA DA CRUZ, em *O Direito*, ano 132.°, pág. 118.

Deverá ser considerada a admissibilidade do incidente de *intervenção principal provocada* para assegurar a legitimidade litisconsorcial do requerente ou do requerido, sob iniciativa do interessado (arts. 325.°, n.° 1, e 269.° do CPC) ou sugestão do juiz, nos termos do art. 265.°, n.° 2, do CPC.

Outro dos incidentes que não pode deixar de ser introduzido é o de *habilitação*, designadamente por morte de alguma das partes, sendo inadequada a

120 Suspensão de Despedimento

h) Na primeira instância, o juiz deve dirigir o procedimento de forma a que seja respeitado o prazo máximo previsto no art. 382.°, n.° 2, do CPC: 15 dias seguidos, no caso de procedimento cautelar sem audiência contraditória; dois meses, quando o requerido tenha de ser ouvido previamente.

4.3. A apresentação do requerimento inicial na secretaria do tribunal através de algum dos meios legalmente admissíveis implica a verificação dos requisitos externos previstos no art. 474.° do CPC, cujo desrespeito pode motivar a recusa de recebimento.

Apresentados os autos ao juiz, é o momento de avaliar a decisão liminar mais adequada. O despacho de *indeferimento liminar* é reservado para casos de manifesta a improcedência do pedido ou de verificação de excepções dilatórias insupríveis de conhecimento oficioso.[113]

Perante o indeferimento liminar (ou perante a decisão da Relação que o venha a confirmar) o requerente pode optar pela apresentação de *nova petição* na qual sejam supridas as deficiências passíveis de sanação (arts. 234.°-A, n.° 1, e 476.° do CPC).

Do despacho de indeferimento liminar cabe sempre *recurso* para a Relação, independentemente do valor processual (art. 234.°-A, n.° 2, do CPT).

O recurso é de apelação (art. 79.°-A, n.° 1, al. i), do CPT, e art. 691.°, n.° 2, al. l)), devendo ser interposto no prazo de 10 dias (art. 80.°, n.° 2, do CPT). Sobe nos próprios autos (art. 83.°-A do CPT) e com efeito suspensivo da decisão (art. 83.°, n.° 3).

4.4. São admissíveis outras decisões que poderemos englobar no chamado *despacho de aperfeiçoamento*, quando o juiz detectar a *falta de requisitos externos* da petição que não tenham sido filtrados pela secretaria na ocasião do seu recebimento, nos termos do art. 474.° do CPC, ou quando se evidencie a falta de pressupostos processuais supríveis, tais

---

solução sugerida no Ac. da Rel. do Porto, de 29-4-99, BMJ 486.°/368, que aponta para o prosseguimento do procedimento com o Ministério Público.

[113] Cfr. ABRANTES GERALDES, *Temas da Reforma do Processo Civil*, vol. III, 4.ª ed. *(Procedimento Cautelar Comum)*, em anotação ao art. 385.° do CPC. Por exemplo, a ilegitimidade singular do requerente ou do requerido (cfr. o Ac. da Rel. de Lisboa, de 21-3-07, *www.dgsi.pt*, sobre a intervenção de um Sindicato).

Procedimento cautelar comum 121

como a preterição de litisconsórcio necessário activo ou passivo, a incapacidade judiciária em sentido amplo ou a falta ou irregularidade de patrocínio judiciário. Outrossim, quando o juiz constate a *falta de documentos* imprescindíveis.[114] Acrescem as situações que se caracterizem pela existência de *deficiências* na alegação da matéria de facto ou na formulação do pedido. Tudo situações que, podendo ser recolhidas do CPC, encontram arrimo também no CPT, como o demonstram os art. 54.º e 61.º.

4.5. Se não houver motivos para a prolação de outro despacho,[115] cumpre ao juiz designar dia para a audiência final.

Os actos a praticar entretanto dependem da opção que for tomada quanto ao respeito pelo contraditório, nos termos do art. 385.º do CPC.[116]

São excepcionais os casos de dispensa de contraditório, sendo necessária a constatação de que existe risco sério para o *"fim ou a eficácia da providência"*, expressão legal que aponta para a adopção de um critério objectivo, não bastando um simples temor insuficientemente concretizado em factos.

É o juiz quem determina a data em que se realizará a audiência, o que implicará a inerente citação do requerido para comparecer ou se fazer representar.

Se não for viável a citação do requerido, o procedimento será tramitado à sua revelia, não se efectuando a citação edital (art. 385.º, n.º 4, do CPC).

4.6. O requerido pode apresentar a *oposição* até ao início da audiência final, devendo respeitar a forma articulada prevista no art. 151.º, n.º 2, do CPC.

Tal como sucede no processo comum, deve concentrar neste articulado todos os *fundamentos* de oposição que julgue convenientes, assim

---

[114] Cfr. ABRANTES GERALDES, *Temas da Reforma do Processo Civil*, vol. III, 4.ª ed. *(Procedimento Cautelar Comum)*, em anotação ao art. 385.º do CPC.

[115] Por exemplo, apreciação de *erro na forma do procedimento* que deva ser imediatamente corrigido (cfr. o Ac. da Rel. de Lisboa, de 24-11-04, *www.dgsi.pt*) ou verificação de *incompetência territorial*, nos termos do art. 110.º do CPC.

[116] Cfr. ABRANTES GERALDES, *Temas da Reforma do Processo Civil*, vol. III, 4.ª ed. *(Procedimento Cautelar Comum)*, em anotação ao art. 385.º do CPC.

como os meios de prova pertinentes, estando limitado a oito o número de testemunhas, sendo três por cada facto.

O teor da oposição será aquele que se ajustar às circunstâncias, podendo envolver a arguição de nulidades ou questões prévias, a invocação de excepções dilatórias ou peremptórias, a negação dos factos, a sua impugnação justificada com apresentação de nova versão, etc.

No campo dos específicos meios de defesa oponíveis a uma pretensão cautelar cabe, além do mais, a impugnação do direito invocado ou da gravidade da situação, assim como a alegação de que a providência cautelar pretendida viola o princípio da *proporcionalidade* garantido pelo art. 387.º, n.º 2, do CPC.

Nos casos em que se mostrar idónea, poderá o requerido suscitar ainda a substituição da providência por *caução* ajustada, 387.º, n.º 2, do CPC.

A *falta de oposição* produz os efeitos cominatórios previstos para a falta de contestação na acção com processo comum (art. 385.º, n.º 5, do CPC).

4.7. Nos procedimentos cautelares não há articulado de *resposta*. Porém, isso não implica que não seja respeitado o contraditório quanto aos meios de defesa apresentados pelo requerido.

Por isso, em relação ao que exceder a matéria da impugnação, o requerente poderá responder, de acordo com a regra geral, na audiência final, nos termos do art. 3.º, n.º 4, do CPC.

5. Audiência:

5.1. As partes são notificadas para *comparecer* pessoalmente ou, em caso de justificada impossibilidade de comparência, fazer-se representar por mandatário com poderes especiais. Prescreve o n.º 3 do art. 32.º do CPT que mandatário se informe sobre os termos em que o mandante aceita uma eventual conciliação.

Trata-se, em qualquer dos casos, de preceitos que, não tendo sanção, não são em verdadeiro rigor normativos, mas apenas de deontológico ou inerentes ao estatuto profissional do mandatário.

Em relação à primeira norma, que implica a obrigatoriedade de comparência da parte ou de assegurar a sua representação quando a comparência se revele impossível, não se prevê qualquer sanção ou sequer qualquer efeito de ordem processual. Trata-se de um regime bem diverso

Procedimento cautelar comum 123

previsto no art. 37.º do CPT para a suspensão de despedimento, ou nos arts. 54.º, n.º 5, e 71.º do CPT, respectivamente, para a audiência de partes ou para a audiência final no processo comum declarativo.

Se acaso alguma das partes, apesar de advertida para comparecer, estiver ausente no dia da audiência final, cumprir-se-ão os demais trâmites que não exijam o confronto de ambas as partes.

Assim acontece se a falta for do requerente e também se for do requerido. Neste caso, desde que este tenha apresentado oposição (o que pode acontecer *até* ao início da audiência e, por isso, no período entre a designação da audiência final e o seu começo), evitará o efeito cominatório, pelo que serão produzidas as provas que tiverem sido indicadas e que o juiz considere necessárias.

A mesma falta de sanção se constata quando, faltando a parte, esta se faça representar. Ainda que não seja apresentada qualquer justificação para a ausência ou mesmo que a justificação porventura apresentada não seja aceite pelo juiz, nenhuma consequência a lei retira, devendo realizar--se as diligências que se revelem possíveis e oportunas.

Nota importante é que, ao invés do que o permite o art. 386.º, n.º 2, do CPC, nem a falta das partes nem a falta dos seus mandatários justifica o adiamento da audiência final.

5.2. A falta de apresentação de oposição determina que se considerem confessados os factos alegados pelo requerente, nos termos do art. 57.º, n.º 1, do CPT, e art. 385.º, n.º 5, do CPC.

Estando presentes ou representadas ambas as partes, realizar-se-á uma *tentativa de conciliação* (art. 32.º, n.º 2, do CPT), orientada de acordo com os parâmetros previstos nos arts. 51.º a 53.º do CPT:

- Deve ser assegurado um resultado equitativo;
- Devem ser pormenorizados os termos do eventual acordo;
- Devem ser consignados os motivos determinantes para o prosseguimento da lide;
- Ainda que a confissão, a desistência ou a transacção não careçam de homologação judicial, o juiz deve verificar a capacidade das partes e a legalidade do resultado.

5.2. Produzir-se-ão as *provas* que forem consideradas necessárias para a apreciação dos factos, podendo o juiz investigar livremente dentro da matéria de facto alegada.

Logo a seguir, o tribunal deverá ter em consideração o disposto no art. 653.°, n.° 2, do CPC, exarando em acta a *decisão sobre a matéria de facto*, com indicação dos factos provados e não provados, acompanhada da respectiva motivação.[117]

Na formação da sua convicção sobre os factos alegados e sobre as circunstâncias relevantes o tribunal guiar-se-á por critérios de mera verosimilhança, nos termos do art. 387.°, n.° 1, do CPC.

A lei confiou no prudente critério do juiz, encarregando-o de analisar, com ponderação e bom senso, os factos e os meios de prova carreados para os autos, tendo sempre presentes as circunstâncias do caso concreto.

Em relação a todos eles, o tribunal deve justificar os motivos da decisão, de modo que transpareçam as razões que o levaram a concluir de certa forma.

5.3. Segue-se a *decisão* sobre a matéria de direito.[118]

O deferimento de providências não especificadas está dependente da verificação dos seguintes *requisitos*:

a) Probabilidade séria da existência do direito invocado;

b) Fundado receio de ocorrência de lesão grave e dificilmente reparável na esfera do requerente;

c) Adequação da providência à situação de lesão iminente;

d) Inexistência de providência específica que acautele a concreta situação de perigo.

No que respeita ao *"fumus boni juris"*, tal como é insuficiente a alegação do direito, não é exigida a certeza quanto à sua existência, bastando que esta possa afirmar-se com suficiente probabilidade.

Quanto ao *"periculum in mora"*, deve ser o corolário de um conjunto mais ou menos extenso de factos que, de acordo com regras de experiência, permitam afirmar a necessidade de uma intervenção judicial com vista a evitar a consumação, o agravamento ou a repetição da lesão.

---

[117] Cfr. Cfr. ABRANTES GERALDES, *Temas da Reforma do Processo Civil*, vol. III, 4.ª ed. *(Procedimento Cautelar Comum)*, em anotação ao art. 387.° do CPC, e MENDES BATISTA, *Processo laboral e julgamento da matéria de facto*, em *Temas do Direito do Trabalho e Direito Processual do Trabalho*, págs. 241 e segs.

[118] Cfr. ABRANTES GERALDES, *Temas da Reforma do Processo Civil*, vol. III, 4.ª ed. *(Procedimento Cautelar Comum)*, em anotação ao art. 387.° do CPC.

Procedimento cautelar comum 125

Deste modo, são insuficientes simples dúvidas, conjecturas ou receios meramente subjectivos que não encontrem tradução objectiva, ainda que por via da intervenção de presunções judiciais. Não sendo o interessado tutelado contra toda e qualquer situação de perigo, as situações susceptíveis de cobertura cautelar genérica devem caracterizar-se por lesões graves e irreparáveis ou de difícil reparabilidade, excluindo-se as lesões sem gravidade ou de gravidade reduzida ou lesões que, sendo graves, sejam reparáveis. Com efeito, só *lesões graves e dificilmente reparáveis* têm a virtualidade de permitir ao tribunal, mediante solicitação do interessado, a tomada de decisão que previna a previsível lesão.[119]

A *situação de perigo* deve ser *actual*, abarcando tanto os casos em que a lesão ainda não se consumou, como aqueles em que é continuada ou em que se manifesta através de comportamentos repetidos ou periódicos.

A lei basta-se com um *juízo de verosimilhança* («*probabilidade séria*», segundo o art. 387.º, n.º 1, do CPC). Não é naturalmente exigível a comprovação inequívoca do direito que será objecto de apreciação na acção de que a providência cautelar é instrumental e dependente. Todavia, em contraponto, o deferimento da providência não se basta com a mera alegação da titularidade do direito, devendo o juiz situar-se num *ponto intermédio* entre a alegação consubstanciada do direito e a sua confirmação plena na acção principal. Para que o tribunal possa decretar uma medida cautelar é necessário que consiga alicerçar nos elementos constantes do processo um juízo de *séria probabilidade* quanto à existência do direito cuja titularidade é reclamada.

5.4. Recai sobre o juiz a necessidade de colocar na balança dos interesses, a par dos prejuízos que o requerente pretende evitar, aqueles que a decisão possa provocar na esfera jurídica do requerido, seguindo o padrão referido no art. 387.º, n.º 2, do CPC, de modo a evitar decisões formalmente adequadas mas substancialmente injustas.

---

[119] Foi a falta deste requisito que levou a indeferir providências quando estavam em causa apenas aspectos de natureza pecuniária ou material nos Acs. da Rel. de Lisboa, de 23-5-07 (complemento de reforma) e de 24-6-09 (uso de viatura), *www.dgsi.pt*. Cfr. ainda sobre este requisito o Ac. da Rel. de Coimbra, de 17-7-08, *www.dgsi.pt*.

126 *Suspensão de Despedimento*

Pode, assim, justificar-se o indeferimento da providência quando o prejuízo dela resultante exceda consideravelmente o dano que com ela se pretende evitar.[120]

O tribunal não está vinculado à concessão da medida cautelar individualizada pelo requerente. Nos termos do art. 392.°, n.° 3, do CPC, deve adoptar a medida que se revelar mais adequada a tutelar a situação por forma a sanar a situação de *"periculum in mora"*, quer em termos de amplitude da medida, quer da sua natureza ou conteúdo. O único limite ao poder decisório do tribunal é o que resulta do art. 664.° do CPC, segundo o qual o tribunal deve adequar a decisão à *matéria de facto* que, pelos diversos meios legalmente admissíveis, seja veiculada para o processo.

De acordo com a situação de facto apurada e demais circunstâncias atendíveis pelo tribunal, dentro do leque das medidas, deve buscar-se aquela que, permitindo alcançar melhores resultados, implique os menores custos possíveis. A providência deve ser ajustada à situação de perigo, sendo legítimo ao juiz reduzir o âmbito da providência reclamada pelo requerente ou mesmo ordenar uma providência diversa, mas que encontre sustentação na matéria de facto provada.

Ainda que o circunstancialismo seja de difícil verificação em questões emergentes das relações laborais, a lei permite que o tribunal condicione a execução da providência à *prestação de caução* por parte do requerente, de acordo com o disposto no art. 390.°, n.° 2, do CPC.

5.5. Pode inserir-se nos procedimentos cautelares a condenação do requerido no pagamento de *sanção pecuniária compulsória* decorrente do eventual incumprimento da medida, nos termos do art. 384.°, n.° 2, do CPC.

O direito laboral constitui, aliás, uma área privilegiada para a introdução deste mecanismo de coerção ao cumprimento de determinadas obrigações de *"facere"* ou de *"non facere"*, tantas as situações em que, apesar da existência de decisões judiciais, se verifica o seu incumprimento.[121]

5.6. Não está eliminada em absoluto a *substituição da providência por caução*. Simplesmente, o deferimento de uma tal pretensão obedece ao

---

[120] Cfr. ABRANTES GERALDES, *Temas da Reforma do Processo Civil*, vol. III, 4.ª ed. *(Procedimento Cautelar Comum)*, em anotação ao art. 387.° do CPC.
[121] Cfr. o Ac. da Rel. de Coimbra, de 12-6-01, CJ, tomo III, pág. 25.

Procedimento cautelar comum

preenchimento dos requisitos contemplados no art. 387.º, n.º 3, do CPC: adequação e suficiência para prevenir a consumação da lesão ou para reparar os prejuízos.[122]

Admitida a substituição da providência por caução, o requerido deve comprovar a sua prestação, juntando os documentos demonstrativos, após o que o juiz profere a decisão correspondente, nos termos do art. 986.º, *ex vi*, art. 990.º, n.º 1, do CPC.

5.7. A admissibilidade de *recurso* da decisão final está sujeita às regras gerais, dependendo essencialmente do valor do procedimento, o qual deve ser sempre aferido pelo juiz, nos termos do art. 315.º, n.º 2, do CPC.

O recurso é de apelação, sendo interposto no prazo de 10 dias (acrescido de mais 10 dias se o recorrente impugnar a decisão da matéria de facto a partir de meios de prova oralmente produzidos e que tenham sido registados).

Tem efeito suspensivo se a decisão for de improcedência. Tem efeito meramente devolutivo se a decisão for total ou parcialmente favorável ao requerente (art. 83.º, n.º 3, do CPT).

5.8. Nos casos excepcionais em que o contraditório prévio não tenha sido respeitado, o requerido apenas é notificado depois de concretizada a providência decretada (art. 385.º, n.º 6, do CPC).

Abrem-se, então, duas vias *alternativas*, nos termos do art. 388.º do CPC:

a) Apresentação de *oposição* quando o requerido pretenda alegar factos ou apresentar meios de prova destinados a infirmar a matéria de facto que foi considerada apurada;

b) Interposição de recurso da decisão (se o recurso for admissível), quando o requerido pretenda impugnar a decisão cautelar, quer na sua vertente jurídica, quer na vertente fáctica, considerando o recorrente que a apreciação dos meios de prova produzidos deveria determinar um resultado diverso.

---

[122] Cfr. ABRANTES GERALDES, *Temas da Reforma do Processo Civil*, vol. III, 4.ª ed. *(Procedimento Cautelar Comum)*, em anotação ao art. 387.º do CPC.

Na primeira situação produzir-se-ão as provas de forma contraditória, pronunciando-se o juiz de novo sobre a matéria de facto e extraindo dos novos elementos o resultado que mais se ajustar, mantendo, alterando ou revogando a decisão primitiva.

Na segunda situação, a reapreciação da decisão cautelar em qualquer das referidas vertentes é devolvida directamente ao Tribunal da Relação.

6. Propositura da acção principal

6.1. Após a notificação da decisão favorável o requerente tem o ónus de promover a instauração da *acção principal*, sob pena de caducidade da providência e de eventual responsabilização pelos danos causados, nos termos dos arts. 389.º, n.º 1, al. a), e 390.º, n.º 1, do CPC.

O prazo de 30 dias previsto no art. 389.º, n.º 1, al. a) do CPC, conta-se a partir da notificação feita ao requerente da decisão que tenha ordenado a providência.

Proposta a acção, recai sobre o interessado o ónus de promover o andamento acção principal de que o procedimento depende.

A caducidade da providência decorre ainda da improcedência da acção principal, da absolvição da instância, sem que o requerente proponha nova acção, da extinção do direito, ou mesmo de outras circunstâncias tais como a inutilidade ou impossibilidade superveniente do procedimento ou a transacção efectuada no âmbito do procedimento ou da acção principal, de onde decorra a composição definitiva dos interesses, ou a desistência do pedido.

7. Execução:

A decisão cautelar carece, por vezes, de aplicação efectiva através de meios coercivos ou de autoridade. Como verdadeira decisão judicial, goza da garantia da coercibilidade e da executoriedade nos termos normais, conforme decorre dos arts. 46.º, al. a), e 48.º do CPC.

Seguirá a tramitação resultante da aplicação do art. 90.º do CPT.

JURISPRUDÊNCIA

Providência cautelar não especificada. Requisitos.
Ac. da Rel. de Lisboa, de 24-6-09, Rel. Ferreira Marques, *www.dgsi.pt*

1. Desde que não resulte diminuído o valor total da retribuição, a estrutura desta pode ser unilateralmente alterada pelo empregador, mediante a supressão de algum componente, a mudança da frequência de outro ou a criação de um terceiro.
2. Essa alteração unilateral, no entanto, só é admissível quando se refira a elementos fundados nas estipulações individuais ou nos usos, não abrangendo os que derivem da lei ou da regulamentação colectiva.
3. O tribunal pode compelir o empregador a não diminuir a retribuição do trabalhador, mas não pode compelir aquele a facultar indefinidamente a este o uso pessoal de veículo automóvel e decretar as providências adequadas a acautelar o seu direito à substituição periódica desse veículo por outro de valor ou categoria idêntica.
4. O procedimento cautelar pressupõe necessariamente um outro processo (a acção principal) já pendente ou que vai ser instaurado e surge para servir o fim desse processo. Quer isto dizer que qualquer procedimento cautelar tem que visar o reconhecimento provisório de um direito que na causa principal possa vir a ser declarado, constituído ou exigido, não se podendo atingir com ele um objectivo que nela não se possa obter.
5. Apenas merecem a tutela provisória consentida pelo procedimento cautelar comum as lesões graves que sejam simultaneamente irreparáveis ou de difícil reparação. Ficam afastadas do círculo de interesses acautelados pelo procedimento cautelar comum, ainda que se mostrem irreparáveis ou de difícil reparação, as lesões sem gravidade ou de gravidade reduzida, assim como as lesões que, apesar de se revelarem graves, não sejam dificilmente reparáveis ou irreparáveis.

Providência cautelar não especificada. Transferência de local de trabalho.
Ac. da Rel. de Lisboa, de 1-4-09, CJ electrónica, Rel. Leopoldo Soares

1. Como forma de reduzir e/ou eliminar transferências ilegítimas de trabalhadores do local de trabalho e, outrossim, como forma de permitir

uma apreciação judicial *ex ante* da legitimidade da ordem de transferência, pode lançar-se mão do procedimento cautelar comum.

2. O procedimento só deve ser decretado se lograr demonstrar-se o fundado receio de lesão grave e dificilmente reparável do direito do trabalhador recusar a transferência do local de trabalho.

3. Tal lesão não deve confundir-se com o prejuízo sério para o trabalhador a que alude o art. 315.º, n.º1, do CT/2003.

Providência cautelar não especificada. Justo receio.
Ac. da Rel. de Lisboa, de 24-6-08, Rel. Hermínia Marques, *www.dgsi.pt*

...

2. Um dos pressupostos para que possa proceder a providência cautelar comum, é a verificação de fundado receio de lesão grave e dificilmente reparável do direito do requerente.

3. Não se verifica esse fundado receio se os danos assumem natureza meramente pecuniária, não foram quantificados pelo requerente e este não invocou factos indiciadores de insolvência do credor.

Providência cautelar não especificada. Suspensão de medida disciplinar.
Ac. da Rel. de Lisboa, de 12-9-07, CJ, tomo IV, Rel. Paula Sá Fernandes

1. A providência cautelar não especificada exige, além do mais, que se verifique um suficiente fundado receio de lesão de um direito.

2. A sanção disciplinar de suspensão por 30 dias tipifica aquele fundado receio de lesão do direito da trabalhadora, pois implica a sua inactividade que não se pode desde já verificar, pois se tornaria irreversível.

Providência cautelar não especificada. Requisitos. Complemento de reforma
Ac. da Rel. de Lisboa, de 23-5-07, Rel. Hermínia Marques, *www.dgsi.pt*

1. A providência cautelar não especificada destina-se a prevenir o perigo de lesão do(s) direito(s) que o requerente invoca e não a repará-lo(s). Visa o risco de lesão futura e não a lesão já consumada.

2. O risco de lesão do direito que se pretende acautelar tem de ser grave e dificilmente reparável.

3. Não é dificilmente reparável o direito do requerente ao pagamento de um complemento de reforma por parte de um Banco, sobretudo se não foi alegado que o mesmo atravesse dificuldades económicas, financeiras ou outras.

4. O perigo de lesão tem de referir-se ao direito do requerente e não a outros direitos que só por arrastamento ou reflexo possam ser atingidos.

Providência cautelar não especificada. Requisitos. Adesão à greve.
Ac. da Rel. de Lisboa, de 4-12-06, Rel. Hermínia Marques, *www.dgsi.pt*

1. As providências cautelares não especificadas pressupõem uma ameaça de um direito a que o requerente se arroga, visam prevenir a lesão de eventuais direitos, afastar um perigo efectivo, mas não visam a reparação de lesões já ocorridas ou de danos já consumados.

2. É de indeferir uma providência cautelar comum intentada contra os requeridos, seus trabalhadores, em que a requerente pede se declare ilícita uma greve decretada pelo respectivo Sindicato, a que os requeridos aderiram.

Providência cautelar não especificada. Requisitos. Transferência de local de trabalho.
Ac. da Rel. de Lisboa, de 18-10-06, Rel. Maria João Romba, *www.dgsi.pt*

1. São requisitos do decretamento da providência cautelar comum a probabilidade séria do direito e o fundado receio da sua lesão grave e dificilmente reparável.

2. Apenas as lesões graves e irreparáveis ou de difícil reparação merecem a tutela consentida pelo procedimento cautelar comum.

3. A ordem de transferência da requerente pode ofender o seu direito à manutenção do seu local de trabalho.

4. Porém, não preenche os requisitos do *periculum in mora*, a lesão que, a verificar-se, se traduziria apenas no agravamento do tempo de deslocação em 15 minutos e na impossibilidade da requerente tomar as refeições em casa.

132 Suspensão de Despedimento

Providência cautelar não especificada. Transferência de local de trabalho.

Ac. da Rel. de Lisboa, de 12-7-06, Rel. Ramalho Pinto, *www.dgsi.pt*

1. A transferência do local de trabalho do trabalhador incumbido de funções sindicais está, à partida, dependente do seu acordo.

2. É irrelevante, para efeitos de se considerar como verificado o acordo para a transferência do local de trabalho, nos termos do art. 457.° do CT/2003, a manifestação antecipada de aceitação dessa transferência, por parte do trabalhador, constante do contrato individual de trabalho reduzido a escrito, quando este é muito anterior ao início do exercício de funções sindicais do trabalhador.

Providência cautelar não especificada. Indeferimento liminar. Poderes do tribunal.

Ac. da Rel. de Lisboa, de 7-6-06, Rel. José Feteira, *www.dgsi.pt*

1. Em providência cautelar, o juiz pode indeferir liminarmente a petição, quando o pedido seja manifestamente improcedente, pois tal decorre expressamente do disposto no art. 234.°-A, n.° 1, conjugado com o art. 234.°, n.° 4, al. b), do CPC.

2. Em providência cautelar comum como em qualquer outra nominada, basta que se possa concluir, em termos de mera probabilidade e verosimilhança, que o requerente é titular do direito que invoca e que existe fundado receio de que o requerido possa praticar ou esteja a praticar factos susceptíveis de causar lesão grave ou de difícil reparação do direito invocado para se impor a adopção de medidas tendentes a afastar a ameaça que sobre ele impende;

3. O Tribunal não está vinculado à adopção das medidas cautelares solicitadas pelo requerente, cabendo-lhe a ele, desde que se verifiquem os necessários pressupostos, adoptar as medidas cautelares que considere mais adequadas ao fim em vista, gozando, para isso, de amplos poderes nos termos do disposto no art. 392.° do CPC.

Procedimento cautelar comum 133

Providência cautelar não especificada. Direito à ocupação efectiva.
Ac. da Rel. de Lisboa, de 2-6-05, Rel. Duro Mateus, *www.dgsi.pt*

Ocorre violação do direito à ocupação efectiva sempre que uma injustificada inactividade é imposta ao trabalhador pela entidade patronal, ou quando deixa de lhe proporcionar as condições à efectiva realização das tarefas compreendidas no conteúdo funcional da categoria atribuída ao trabalhador, desaproveitando a actividade a que aquele se obrigou e quer prestar condignamente, de forma a realizar-se pessoal e socialmente.

Providência cautelar não especificada. Impugnação de decisão disciplinar.
Ac. da Rel. de Lisboa, de 18-5-05, Rel. Ramalho Pinto, *www.dgsi.pt*

É processualmente admissível a providência cautelar não especificada como preliminar ou incidente da acção especial de impugnação de decisão disciplinar aplicada pelas associações sindicais aos seus associados ou beneficiários.

Procedimento cautelar comum. Inutilidade superveniente.
Ac. da Rel. de Lisboa, de 13-4-05, Rel. Ramalho Pinto, *www.dgsi.pt*

Instaurada pelo trabalhador providência cautelar comum com o fundamento no não desempenho, pelo mesmo e por acto imputável à entidade patronal, das funções inerentes à sua categoria profissional, verifica-se a inutilidade superveniente da lide se, posteriormente à instauração da providência, o trabalhou rescindiu com invocação de justa causa o contrato de trabalho, por deixar de existir o perigo de lesão, dificilmente reparável, do direito do mesmo.

Erro na forma de procedimento.
Ac. da Rel. de Lisboa, de 24-11-04, Rel. Ramalho Pinto, *www.dgsi.pt*

1. O procedimento cautelar comum só tem cabimento quando à situação não corresponda um outro procedimento especial.

2. Há erro na forma de processo quando é requerido contra a Comissão de Trabalhadores do M. e Outros, membros da mesma, procedimento cautelar comum pedindo que seja decretada a suspensão de uma deliberação da requerida, porquanto o meio processual adequado é o previsto nos art. 164.° e 168.°, *ex vi* art. 169.° do CPT, caso não pudesse ser interposto recurso para outro órgão.

IV
PROCEDIMENTOS CAUTELARES ESPECIFICADOS

ART. 47.º
(Regime especial)

Os procedimentos cautelares especificados regulados no Código de Processo Civil que forem aplicáveis ao foro laboral seguem o regime estabelecido nesse Código.

---

1. Introdução

1.1. Não constitui verdadeira novidade a extensão aos tribunais do trabalho de procedimentos regulados no CPC. Já o art. 1.º do anterior CPT determinava a aplicação remissiva das normas daquele diploma, o que se ajustaria a situações emergentes de relações laborais carecidas de tutela provisória sem explícito acolhimento na legislação laboral.

De todo o modo, com o CPT de 1999 quis o legislador evitar dúvidas quanto à aplicação supletiva dos mecanismos cautelares regulados no CPC, determinando-o explicitamente quanto às providências que se ajustarem às especificidades das relações jurídico-laborais e que se insiram na esfera de competência dos tribunais do trabalho.

1.2. Não é difícil destacar os procedimentos previstos na legislação comum que estão naturalmente excluídos dos tribunais do trabalho. A subsidiariedade fica imediatamente delimitada pela respectiva competência material, a qual, por seu lado, está dependente da natureza e conteúdo das relações jurídicas litigadas.

Por isso, dada a função instrumental e a dependência dos procedimentos em relação às acções cuja eficácia visam prevenir ou antecipar, estão arredadas do foro laboral as seguintes *providências específicas* do foro comum:

– O procedimento de restituição provisória de posse (art. 393.º do CPC) instrumental em relação às acções possessórias;
– O procedimento de suspensão de deliberações sociais (art. 396.º do CPC), atenta a respectiva área de incidência geral e o facto de o art. 168.º do CPT prever especialmente a suspensão de deliberações de assembleias gerais de instituições de previdência e de organismos sindicais quando se demonstre que da sua execução pode resultar dano apreciável;
– O procedimento de embargo de obra nova que anda associado à defesa do direito de propriedade ou de direitos reais ou pessoais de gozo (art. 412.º do CPC);
– O procedimento de alimentos provisórios (art. 399.º do CPC), necessariamente dependente de uma acção constitutiva e condenatória de prestação de alimentos definitivos.

1.3. Relativamente a outros procedimentos, não se antolham razões que eliminem definitivamente a sua aplicação ao foro laboral.

Assim sucede com:
– O arresto;
– O arrolamento;
– E o arbitramento de reparação provisória.

2. Arresto

2.1. O arresto reúne todas as condições para a sua aplicabilidade no foro laboral.[123]

Tendo em consideração que à grande maioria das acções interpostas pelos trabalhadores subjaz o incumprimento de obrigações de natureza pecuniária garantidas pelo património do empregador (art. 817.º do CC), a apreensão de bens no âmbito do *arresto* constituirá um instrumento

---

[123] Sobre o arresto em geral cfr. ABRANTES GERALDES, *Temas da Reforma do Processo Civil*, vol. IV, 3.ª ed. *(Procedimentos Cautelares Especificados)*, em anotação aos arts. 406.º e segs. do CPC.

Procedimentos cautelares especificados 137

imprescindível à satisfação desses direitos de crédito, quando haja justificado receio de ocorrência de actos que afectem essa garantia patrimonial.

Circunstâncias diversas – umas voluntárias, outras involuntárias – podem originar uma situação de incumprimento ou mesmo de insolvabilidade, revelando-se útil e pertinente o arresto para garantir a manutenção da garantia patrimonial de créditos laborais.

2.2. Apesar desta evidência, só com a reforma do processo civil de 1996 foi inteiramente franqueado o acesso a esta medida conservatória da garantia patrimonial. Apesar das críticas que de todos os lados advinham em relação à proibição do arresto de bens do devedor comerciante matriculado, nos termos que constavam do art. 403.º, n.º 3, do CPC de 1961, só aquela reforma processual acabou com tal regime iníquo e anacrónico, cuja constitucionalidade suscitava as mais sérias dúvidas.

Na verdade, não existiam razões plausíveis que justificassem a manutenção de uma tal restrição relativa aos comerciantes, impedindo a apreensão cautelar dos bens adstritos ao exercício do comércio.

Abolido o autêntico privilégio que servia de lastro a manobras de delapidação patrimonial, em prejuízo dos credores que mais careciam de protecção jurídica (entre eles os trabalhadores), o recurso ao procedimento cautelar de arresto constitui uma medida célere e eficaz, capaz de assegurar a satisfação efectiva dos direitos de crédito.[124]

2.3. Atento o art. 383.º, n.º 1, do CPC, aplicável ao arresto, este procedimento tanto pode depender de uma acção declarativa como de uma acção executiva (embora, neste caso, a penhora possa constituir, na maioria dos casos, medida suficiente para acautelar a garantia patrimonial).

Será decretada a apreensão de bens desde que se torne provável a existência do direito de crédito (*"fumus boni juris"*) e o receio de perda da garantia patrimonial (*"periculum in mora"*).

Importa realçar que ao apuramento deste segundo requisito não basta uma situação de *recusa de cumprimento* da obrigação, ainda que totalmente injustificada, exigindo-se outros factores que, objectivamente ana-

---

[124] Cfr. os Acs. da Rel. de Lisboa, de 16-7-09, de 28-5-08 e de 18-11-07, e da Rel. do Porto, de 26-1-09, *www.dgsi.pt.*

lisados, permitam asseverar a existência de um justo receio de que seja afectada a garantia do crédito integrada pelo património do devedor.

Tal poderá ser o corolário de um conjunto de circunstâncias que podem envolver designadamente actos de delapidação do património, transferência de *stocks*, descapitalização, encerramento da empresa, suspensão da laboração, fuga para o estrangeiro (com intuito de se furtar ao cumprimento das obrigações), confusão de patrimónios pessoais e empresariais, desconsideração da personalidade jurídica de sociedades, transferência de carteira de clientes, suspensão de laboração ou acumulação de dívidas, designadamente quando beneficiem de privilégios creditórios mobiliários ou imobiliários (*v.g.* dívidas de impostos ou de contribuições à segurança social). Importante é que se esteja perante circunstâncias que relevem da matéria de facto provada e que permitam concluir, com razoável grau de segurança, pela necessidade de uma intervenção imediata do tribunal, como forma de satisfação efectiva do direito de crédito (arts. 619.° do CC e 406.° e segs. do CPC).[125]

Em qualquer das situações, a garantia real derivada do arresto de bens carece ainda de ser convertida em penhora no processo executivo, retroagindo os seus efeitos à data da efectivação ou do registo do arresto (art. 822.°, n.° 2, do CC, e art. 846.° do CPC).

2.4. Cumpre ainda salientar os seguintes aspectos:
– No requerimento inicial o requerente deve concretizar os *factos* reveladores não apenas do direito de crédito como ainda do justo receio de perda da garantia patrimonial, não bastando a enunciação de proposições jurídicas;

---

[125] Nas situações em que haja falta de pagamento dos salários, mas não haja justo receio de perda da garantia patrimonial, a eventual tutela antecipada do direito de crédito deverá buscar-se através de providências cautelares não especificadas, de *natureza antecipatória*, nos termos do art. 381.° do CPC e 32.° do CPT, semelhante à providência de arbitramento de reparação provisória (arts. 403.° a 405.° do CPC).

Efectivamente, se a falta de pagamento dos salários colocar o trabalhador e o seu agregado familiar numa situação de grave perigo de subsistência pode justificar-se plenamente a condenação do empregador no pagamento de uma prestação nos moldes que decorrem da conjugação entre o art. 381.° e o art. 387.°, n.° 1, do CPC.

Procedimentos cautelares especificados 139

– O arresto é decidido sem cumprimento do *contraditório prévio*, por razões facilmente compreensíveis, atenta a urgência que lhe subjaz e a necessidade de imprimir eficácia à apreensão (art. 408.°, n.° 1, do CPC);
– A decisão deve ser proferida no *prazo* de 15 dias, nos termos do art. 382.°, n.° 2, do CPC;
– O *contraditório* é relegado para um momento posterior à efectivação da apreensão, podendo o requerido recorrer da decisão, quando esteja em causa matéria de direito ou pretenda impugnar a decisão da matéria de facto (desde que o procedimento admita recurso), ou deduzir oposição, quando pretenda atacar os meios de prova e a matéria de facto dada como apurada – art. 388.°, n.° 1, do CPC;
– Deve proceder-se obrigatoriamente à *gravação* dos depoimentos prestados, nos termos do art. 386.°, n.° 4, do CPC, como forma de assegurar a impugnação ou de responsabilizar os que praticam o perjúrio;
– Se as circunstâncias do caso o impuserem, o juiz pode tornar a providência dependente da prestação de *caução* (arts. 390.°, n.° 2, e 392.°, n.° 2, do CPC), opção que no âmbito do processo laboral será de muito improvável aplicação;
– Não pode ser *recusado* o arresto sob pretexto de que o prejuízo que acarreta excede manifestamente o dano que se pretende evitar, atento o disposto nos arts. 392.°, n.° 1, e 387.°, n.° 2, do CPC, embora o juiz deva reduzi-lo aos seus justos limites, sem privar o requerido dos rendimentos indispensáveis (art. 408.°, n.os 2 e 3, todos do CPC);
– Para além das situações de extinção do procedimento cautelar ou de caducidade da providência decretada estabelecidas no art. 389.°, o art. 410.° do CPC prevê uma situação especial de *caducidade* destinada a impulsionar, através do processo executivo, a conversão do arresto (providência provisória) em penhora (providência de carácter definitivo) e a execução do bem apreendido para pagamento do crédito exequendo.

3. Arrolamento
Não sendo frequentes as situações que podem justificar esta medida cautelar, o certo é que a relação de instrumentalidade existente em relação

às acções com processo especial de liquidação de bens de instituições de previdência ou de associações sindicais, reguladas nos arts. 173.º e segs. do CPT, basta para afirmar a sua pertinência. Outrossim no que respeita ao arrolamento de documentos.[126]

Tal como o arrolamento se ajusta à função de conservação de bens inseridos no património de sociedades em liquidação, devido à verificação da nulidade, anulação ou inexistência da respectiva constituição, nos termos dos arts. 1122.º e segs. do CPC, idêntica função pode exercer a medida de arrolamento no foro laboral, como forma de evitar a dissipação ou a ocultação de bens daquelas entidades.

4. Arbitramento de reparação provisória

4.1. Uma das inovações mais importantes derivadas da reforma do processo civil de 1997, na área dos procedimentos cautelares, consistiu na regulamentação de um procedimento especificamente destinado a antecipar créditos de natureza pecuniária emergentes de responsabilidade civil, em situações de grave carência do credor enquanto se não decide a acção principal.[127]

Ponderado o carácter excepcional das medidas antecipatórias e a sua sujeição ao crivo da decisão jurisdicional equilibrada, sensata e ponderada, estamos perante uma providência que compatibiliza adequadamente os interesses da celeridade e da eficácia com os da segurança jurídica, constituindo, simultaneamente, um travão à excessiva litigiosidade.

Ora, atenta a relação de *subsidiariedade* que deve existir entre providências específicas do foro laboral e outras providências previstas na legislação comum, não existem motivos para afastar liminarmente esta medida dos direitos emergentes de relações jurídico-laborais.[128]

---

[126] ABRANTES GERALDES, *Temas da Reforma do Processo Civil*, vol. IV, 3.ª ed. *(Procedimentos Cautelares Especificados)*, em anotação aos arts. 421.º e segs. do CPC.

[127] Sobre o arbitramento de reparação provisória em geral cfr. ABRANTES GERALDES, *Temas da Reforma do Processo Civil*, vol. IV, 3.ª ed. *(Procedimentos Cautelares Especificados)*, em anotação aos arts. 403.º e segs. do CPC.

[128] Neste sentido cfr. também CÉLIA SOUSA PEREIRA, *Arbitramento de Reparação Provisória*, pág. 92, e o Ac. da Rel. de Lisboa, de 3-11-04, *www.dgsi.pt.* Contra: FERREIRA DA SILVA, *Questões Laborais*, n.º 15, pág. 73, e ABÍLIO NETO, *CPT anot.*, 4.ª ed., pág. 107.

Procedimentos cautelares especificados 141

4.2. A aplicação de tal medida cautelar pode estar ligada a situações de acidentes de trabalho geradoras de indemnização ou pensão correspondente à incapacidade para o trabalho. Mas, para o efeito, tendo em conta as regras da especialidade que vigoram no âmbito da tutela cautelar, importa afastar as situações para as quais se prescreve um remédio específico.

Nos termos dos arts. 121.° e 122.° do CPT é possível fixar uma *pensão* ou de *indemnização provisória* no âmbito de processo para efectivação de direitos decorrentes de acidente de trabalho. Trata-se de uma medida de natureza cautelar, produtora de efeitos antecipatórios, a qual, assentando num quadro fáctico e jurídico que faz prever a procedência da acção reparadora do acidente de trabalho, encontra a sua justificação em razões de justiça e de humanidade a que o direito e o aparelho judiciário não poderiam ficar indiferentes.[129] Ainda que não se encontre definida a responsabilidade dos agentes – entidade patronal ou seguradora – ou persistam algumas dúvidas acerca da qualificação do acidente, aquelas razões axiológicas e os critérios de verosimilhança foram considerados suficientes para legitimar a fixação de uma reparação provisória capaz de assegurar ao sinistrado os meios adequados a uma sobrevivência condigna, na pendência do processo.

A responsabilidade da entidade patronal tem o seu fundamento ético-jurídico no nexo existente entre o acidente e o trabalho prestado, nos correspondentes benefícios retirados do labor de terceiros que utiliza no exercício da respectiva actividade e nos princípios que regem a matéria de responsabilidade por acidentes de trabalho, à qual, como se sabe, é alheia a ideia de culpa, quer do lesado, quer da entidade empregadora, fundando-se apenas no risco do beneficiário da prestação do trabalho de terceiros, sob o seu domínio e fiscalização.

A responsabilidade da seguradora, quando exista seguro que abarque tais eventos, funda-se em princípios semelhantes retirados da natureza intrínseca da actividade exercida, cujo núcleo essencial é constituído pela assunção de riscos transferidos por terceiros, nomeadamente os emergentes de sinistros do foro laboral.

Enfim, não são alheias à solução legal a função e a natureza social do seguro de acidentes de trabalho, como forma de compensar a perda temporária ou definitiva da capacidade de trabalho de alguém que, por conta

---

[129] Nos Acs. da Rel. de Lisboa, de 17-5-06 e de 10-9-08, *www.dgsi.pt*, estabelece-se o paralelo relativamente às providências cautelares não especificadas para efeitos de sujeição ao disposto no art. 389.° do CPC.

142   *Suspensão de Despedimento*

de outrem, presta uma actividade geradora de riqueza, a qual, reflectindo-
-se imediatamente na esfera da entidade empregadora e, indirectamente,
na seguradora, acaba por ser benéfica para a própria sociedade. Entre a
adopção de uma solução que invariavelmente relegasse para o final do
processo a tutela dos interessados e a alternativa, escolhida pelo legislador,
de permitir a concessão de uma tutela imediata, mediante o preenchimento
de determinados requisitos, parece evidente que, na ponderação dos interesses contrapostos, o legislador não poderia deixar de realçar a defesa das
condições mínimas de subsistência do sinistrado ou dos seus familiares.

4.3. Contudo, apesar da latitude resultante do modo como foi regu-
lamentada a atribuição de pensão ou de indemnização provisória, não se
esgotam no leque de situações abarcadas as circunstâncias de verdadeiro
perigo de insatisfação do direito que se pretende ver reconhecido.

O facto de o regime de atribuições provisórias previsto nos arts. 121.º
e segs. do CPT abarcar apenas as situações em que o processo de acidentes de trabalho tenha entrado na *fase contenciosa* logo sugere a existência
de uma larga margem de situações carecidas de tutela antecipada que não
pode ser obtida através daquele mecanismo específico do foro laboral,
possibilitando ao sinistrado ou a pessoas interessadas a satisfação antecipada de prestações pecuniárias para ocorrer a necessidades básicas.

Contra o que seria de esperar da urgência imposta na tramitação dos processos de acidente de trabalho (art. 26.º, n.º 1, al. e), do CPT), podem verificar-se situações de arrastamento excessivo e anómalo da fase conciliatória,
pondo seriamente em causa a *subsistência dos interessados* na fixação da indemnização ou da pensão, antes de o processo estar em condições de permitir o funcionamento dos mecanismos especificamente previstos para as acções de apuramento da responsabilidade emergente de acidentes de trabalho.

Ora, nessas e noutras situações não abarcadas pelo mecanismo previsto
nos arts. 121.º e segs. do CPT, pode justificar-se o arbitramento de uma
reparação provisória, fixando-se uma prestação periódica por conta da responsabilidade efectiva a apurar na sequência do processo, quando, pelo tipo
de lesão e pelos respectivos reflexos na capacidade de ganho, seja legítimo
concluir pela necessidade de fixação de uma prestação pecuniária (renda
mensal) que restabeleça as condições económicas do lesado.

Ponderando até o facto de, nos termos do art. 26.º, n.º 4, do CPT, a
instância processual se iniciar logo com o recebimento da participação do
sinistro, e não apenas com a transposição do processo para a fase conten-

Procedimentos cautelares especificados 143

ciosa, mais se justifica o recurso ao procedimento cautelar referido quando as circunstâncias do caso concreto se conjugarem nesse sentido.

4.4. A aplicabilidade no âmbito do processo laboral dessa medida antecipatória visará as situações de *morte ou de lesão corporal* passíveis de serem qualificadas como acidente de trabalho que não encontrem tutela específica nos arts. 121.º e segs. do CPT, nos termos do n.º 1 do art. 403.º do CPC.

Não existe nenhuma razão de princípio que rejeite os benefícios que com a medida cautelar mencionada se podem obter. Tendo em conta que o processo especial de acidente de trabalho e de doença profissional pode comportar a atribuição ao sinistrado ou familiares de uma pensão ou indemnização provisória, supostos determinados requisitos, é manifesta a familiaridade da medida provisória com as questões laborais, tornando-se por isso mais fácil estender ao foro laboral o novo instrumento de realização do direito criado pela legislação processual civil.

De facto, a expressa previsão de mecanismos de ressarcimento provisório do sinistrado ou de pessoas equiparadas assenta na constatação, que nos parece óbvia e que aqui dispensa aprofundamento, de que a perda total ou parcial da capacidade de ganho emergente de acidente laboral pode arrastar consigo graves dificuldades do sinistrado para prover ao seu sustento ou ao do respectivo agregado familiar.

Atentos que devem estar a esta realidade sociologicamente comprovada, não podem os tribunais fechar os olhos às graves dificuldades decorrentes da natural ou da excessiva demora na tramitação dos processos de acidentes de trabalho, em todas as suas componentes (qualificação jurídica do acidente, fixação da incapacidade e definição das entidades responsáveis).

Por outro lado, se o procedimento cautelar pode ser instaurado antes da propositura da acção principal, a necessária pendência do processo dará mais garantias quanto à probabilidade do direito invocado, podendo o juiz estabelecer uma mais completa conjugação dos interesses contrapostos.

4.5. Para que tal suceda é necessário que, em termos de *séria probabilidade*, possa reconhecer-se a existência do direito ao recebimento de indemnização decorrente de morte ou lesão corporal qualificável como acidente de trabalho e que exista uma situação de necessidade, para o sinistrado ou para os seus familiares, causalmente emergente do acidente.

Cumpre ainda salientar os seguintes aspectos:
– É legítimo o recurso à *equidade* para liquidação provisória da indemnização ou da pensão, quando necessário (art. 403.º, n.º 3, do CPC);

144 *Suspensão de Despedimento*

– A atribuição de uma prestação provisória não pode ficar dependente de prestação de *caução* (arts. 392.º, n.º 2, e 390.º, n.º 2, do CPC), nem deve aí interferir o critério de recusa previsto no art. 387.º, n.º 2, atento o disposto no art. 392.º, n.º 1, do CPC);
– A decisão cautelar é *modificável* nos precisos termos que estão previstos para os alimentos provisórios (arts. 404.º, n.º 1, e 401.º, n.º 2, do CPC);
– A improcedência da acção principal determina a obrigação de *restituir* as quantias recebidas, o que deve ser decretado na sentença (art. 405.º, n.º 2, do CPC).

4.6. Mas o arbitramento de reparação provisória, em lugar do recurso a providência cautelar não especificada, pode também justificar-se *noutras situações* que encontrem apoio no art. 403.º, n.º 4, do CPC, que tutela as situações em que o direito em causa se traduza numa pretensão indemnizatória fundada em dano susceptível de pôr seriamente em causa o sustento ou a habitação do lesado.

Nos termos do art. 394.º, n.º 1, do Cód. do Trabalho, o trabalhador pode resolver o contrato de trabalho em situações de justa causa enunciadas no seu n.º 2, entre as quais se situa a falta culposa de pagamento pontual da retribuição ou a falta culposa de condições de segurança e saúde no trabalho. Em consequência do exercício de tal faculdade, a lei reconhece-lhe o direito de ser indemnizado nos termos do art. 396.º.

Ora, pode acontecer que a situação de *"periculum in mora"* relativamente ao sustento ou habitação do ex-trabalhador tenha precisamente por fundamento a falta de recebimento oportuno da referida indemnização.

Por isso, desde que as circunstâncias permitam afirmar a existência daquele direito de crédito (indemnização devida pelo incumprimento do contrato de trabalho) e que a demora na sua satisfação é susceptível de colocar em sério perigo o sustento ou a habitação do credor (ou do seu agregado familiar), pode justificar-se a atribuição de uma quantia certa, sob a forma de renda mensal, que permita debelar a situação de perigo.[130]

---

[130] Contra: ABÍLIO NETO, *CPC, anot.*, 4.ª ed., com o argumento de que assim se admitiria o alargamento da reparação provisória a todas as acções em que o trabalhador reclame salários.

Tal objecção não procede, pois tem de se verificar uma grave situação de necessidade.

JURISPRUDÊNCIA

1. Arresto

Arresto. Créditos laborais. Requisitos.
Ac. da Rel. de Lisboa, de 27-5-09, Rel. Paula Sá Fernandes, *www.dgsi.pt*

1. O procedimento cautelar especificado – arresto – depende da prova indiciária da verificação cumulativa da probabilidade de existência do crédito e do justo receio de perda da garantia patrimonial.
2. O justo receio da perda da garantia patrimonial é consubstanciada na alegação do circunstancialismo fáctico que faça antever o perigo de se tornar difícil ou impossível a cobrança do invocado crédito, devendo o credor deve basear-se em factos ou circunstâncias que de acordo com as regras de experiência aconselhem uma decisão cautelar.
3. Não basta a alegação e prova de que a requerida está em vias de insolvência, era necessário que a requerente tivesse demonstrado que a requerida actua de forma a pôr em causa as garantias patrimoniais dos seus créditos que, sendo de natureza laboral, têm sempre privilégios creditórios sobre os demais créditos.

Arresto. Desconsideração da personalidade jurídica.
Ac. da Rel. de Lisboa, de 28-5-08, Rel. Seara Paixão, *www.dgsi.pt*

1. Provando-se os factos alegados no requerimento inicial do arresto, suficientemente indiciadores da situação de confusão ou promiscuidade entre as esferas jurídicas da sociedade e da pessoa singular que era o sócio gerente desta, que utilizava os bens da sociedade de forma indiscriminada para satisfação das suas necessidades pessoais e para sustentar e engrandecer o seu património pessoal, com evidente prejuízo dos credores, pode justificar-se que se proceda à desconsideração da personalidade jurídica da sociedade de forma a responsabilizar subsidiariamente o património pessoal do referido sócio pelas dívidas da sociedade.

...

2. Arbitramento de reparação provisória

Arbitramento de reparação provisória. Responsabilidade contratual.

Ac. da Rel. de Lisboa, de 3-11-04, Rel. Mateus Cardoso, *www.dgsi.pt*

1. A providência cautelar de arbitramento de reparação provisória prevista no n.º 4 do art. 403.º do CPC é aplicável em casos de responsabilidade contratual, designadamente laboral.

2. A existência de possibilidade de instauração de procedimento cautelar de suspensão de despedimento não é impeditiva da aplicabilidade do arbitramento de reparação provisória.

3. Pensão provisória

Acidentes de trabalho. Pensão provisória. Natureza. Caducidade.

Ac. da Rel. de Lisboa, de 10-9-09, Rel. Leopoldo Soares, *www.dgsi.pt*

1. A fixação de pensão provisória, ao abrigo do disposto no art. 121.º do CPT (pensão ou indemnização provisória em caso de acordo), assume o cariz de providência cautelar específica dos processos emergentes de acidentes de trabalho ou doenças profissionais, que, obedece, em princípio, aos requisitos gerais daquele tipo de procedimentos.

2. Assim, nessas situações as regras gerais dos procedimentos cautelares regulados no processo civil logram aplicação, designadamente o disposto no art. 389.º do CPC, desde que verificados os respectivos pressupostos.

3. Não se vislumbram motivos para recusar a aplicabilidade desta norma ao processo especial de acidente de trabalho, nomeadamente nas situações em que o sinistrado, beneficiário ou doente se revele negligente em obter uma decisão definitiva sobre os seus direitos.

4. A extinção deste tipo de providência por caducidade em nada afecta a existência do direito substantivo subjacente que nem por isso é alienado nem renunciado.

Acidente de trabalho. Pensão provisória. Caducidade.

Ac. da Rel. de Lisboa, de 17-5-06, Rel. José Feteira, *www.dgsi.pt*

1. No âmbito da acção emergente de acidente de trabalho, a fixação da pensão provisória regulada no CPT, assume uma natureza jurídica muito próxima senão mesmo equiparada à da providência cautelar regulada pelo CPC, razão pela qual na respectiva fixação devem verificar-se os pressupostos que a esta respeitam;

2. Perante uma tal similitude e atendendo à aplicação subsidiária do processo civil em processo do trabalho estabelecida no art. 1.°, n.° 2, do CPT, não se vislumbra razão plausível para, em caso de lacuna que necessite de ser preenchida, se afastar a aplicação das regras gerais dos procedimentos cautelares regulados no processo civil, designadamente a respectiva caducidade ante situações como as que são previstas no art. 389.° do CPC, desde que verificados os respectivos pressupostos, mormente a que decorra da circunstância do processo ficar parado por mais de 30 dias por negligência do requerente da pensão provisória.

FORMULÁRIOS

(Os formulários foram elaborados a partir de uma base que me foi fornecida pelo Dr. Fausto Leite, nos quais foram introduzidas as alterações e adaptações ao novo regime que são da minha exclusiva responsabilidade.

Todos eles são apresentados a título meramente ilustrativo, não dispensando de modo algum, em face das concretas situação de facto e das pretensões formuladas, a análise das normas de direito substantivo e adjectivo aplicáveis ao caso)

---

1. Requerimento inicial de suspensão de despedimento individual comunicado por escrito

---

Exmo. Senhor
Dr. Juiz do Tribunal do Trabalho
de Lisboa

F. _____, solteiro, de ___ anos, técnico administrativo, residente na Rua _____ Lisboa, titular do bilhete de identidade n.º _____, emitido em_____, contribuinte fiscal n.º _____, vem requerer a providência cautelar de *SUSPENSÃO DE DESPEDIMENTO INDIVIDUAL*, contra Sociedade _____, Ld.ª, com sede na Rua _____, nos termos dos arts. 34.º e segs. do Código de Processo do Trabalho e com os fundamentos seguintes:

QUANTO AOS FACTOS

1.º

O requerente foi admitido para trabalhar, sob a autoridade e direcção da requerida, no dia 1 de Janeiro de 1980, na sede desta.

2.º

Ultimamente, exercia as funções de técnico administrativo na sede da requerida (doc. 1).

3.º

O requerente trabalhava de 2.ª a 6.ª feira, das 9 às 13 e das 14 às 18 horas.

4.º

Auferia uma retribuição base de € 750,00 (setecentos e cinquenta euros), acrescida de um subsídio de alimentação no valor de € 5,00 (cinco euros) por cada dia útil de trabalho prestado (doc. 2).

5.º

No dia (dd – mm – aaaa), foi notificado da nota de culpa, de que junta cópia e dá por reproduzida (doc. 3).

6.º

Pela sua leitura facilmente se verifica que da mesma não consta uma descrição circunstanciada de factos imputados ao requerente.

7.º

Ao invés, a requerida limitou-se a imputar ao requerente o facto de "provocar mau ambiente de trabalho" e de ter "desobedecido a ordens dadas pelo gerente".

8.º

Na nota de culpa não foi discriminada qualquer das acusações, nem foram enunciadas circunstanciadamente, como a lei o exigia, as actuações do requerente e os efeitos que isso determinava nos demais colegas de serviço.

9.º

Também omitia por completo as ordens que alegadamente foram dadas pelo gerente e em que circunstâncias de tempo e de modo tal ocorreu.

10.º

Além disso, não concretizava de que modo o comportamento do requerente colidia com a subsistência do contrato de trabalho.

11.º

Consultado o processo, verificou o requerente também que nenhuma das acusações constantes da nota de culpa tinha qualquer suporte probatório, quer documental, quer testemunhal, dele constando apenas uma nota escrita assinada pelo Gerente da R. a descrever aquilo que depois foi transposto para a nota de culpa.

12.º

O requerente apresentou, no prazo legal, a sua resposta, que aqui dá por reproduzida (doc. 4).

11.º

Na sua defesa, negou frontalmente as acusações genéricas que contra si foram dirigidas e justificou circunstanciadamente a ilicitude da actuação da requerida.

12.º

E, na verdade, tudo o referido não é mais do que um efeito determinado pelo facto de o requerente ter recusado assinar um documento apresentado pela requerida no sentido de cessar o contrato de trabalho por sua iniciativa.

12.º

Apesar do que o requerente alegou, a requerida insistiu no processo que conduziria ao seu despedimento, conforme comunicação escrita que foi recebida pelo requerente em (dd – mm – aaaa) (doc. 5).

13.º

Em tal comunicação veio a requerida invocar, além das afirmações genéricas constantes da nota de culpa, que se tinha apropriado ilicitamente de uma computador portátil que, sem autorização da gerência da requerida, levara consigo para casa.

14.º

Também este último facto é falso, já que foi a requerida que confiou ao requerente o referido computador para que realizasse trabalhos que lhe solicitava fora do seu horário.

15.º

De todo o modo, tal facto não constava da nota de culpa.

DO DIREITO

16.º

Segundo o art. 39.º, n.º 1, do Código de Processo do Trabalho, "a suspensão é decretada se o Tribunal, ponderadas todas as circunstâncias relevantes, concluir pela probabilidade séria de ilicitude do despedimento".

17.º

No caso concreto, é patente a ilicitude do despedimento, quer na perspectiva formal, quer na perspectiva material

18.º

Com efeito, a nota de culpa não concretizava nem circunstanciava os factos imputados ao requerente, limitando-se a integrar proposições genéricas e conclusivas, violando o disposto no art. 382.º, n.º 2, al. a), do Cód. do Trabalho.

Formulários 153

19.º

Além disso, por total ausência de prova, nenhuma das afirmações feitas pode ser considerada provada.

20.º

Ademais, foi inserida na comunicação final de despedimento um facto que não constava da nota de culpa e que, de todo o modo, também não se encontra demonstrado.

21.º

Por fim, além de as afirmações feitas pela requerida não serem verdadeiras, de modo algum poderia concluir-se pela existência de justa causa de despedimento, nos termos do art. 351.º do Cód. do Trabalho.

22.º

É, assim, seguro afirmar que o despedimento declarado pela requerida e que atingiu o requerente é ilícito, quer por incumprimento de formalidades legais, quer por inverificação de uma situação de justa causa.

23.º

Nos termos e para efeitos do disposto no art. 34.º, n.º 4, em conjugação com o art. 98.º-C, n.º 3, do C.P.T. o requerente declara a sua intenção de impugnar judicialmente a regularidade e a licitude do despedimento individual de que foi alvo, com os fundamentos que foram mencionados.

Pelo exposto, requer que seja decretada a suspensão do despedimento do requerente, de harmonia com o disposto no citado art. 39.º, n.º 1, do C.P.T., sendo o requerente reintegrado no seu posto de trabalho, com pagamento das retribuições vencidas e vincendas que deixaram de ser pagas desde a data do despedimento.

Para tanto, requer a V. Exa. que seja designado dia para a audiência final, seguindo-se a ulterior tramitação prevista nos arts. 34.º e seguintes do C.P.T.

Valor: € .... (.... Euros).

Junta: 5 documentos e procuração forense.
Testemunhas:
1.ª – ....
2.ª – ....
Requer que no acto de citação da requerida seja intimada para apresentar o processo disciplinar, nos termos do art. 34.°, n.° 2, e com a cominação constante do art. 38.°, n.° 1, do CPT.

O advogado,

Formulários 155

2. Requerimento inicial de suspensão de despedimento individual sem processo disciplinar e sem comunicação por escrito

Exmo. Senhor
Dr. Juiz do Tribunal do
Trabalho de ____

F. _____, casado, de 27 anos, técnico de informática, titular do bilhete de identidade n.º _____, emitido em _____, residente na Rua _____, contribuinte fiscal n.º _____, vem requerer a providência cautelar de SUSPENSÃO DE DESPEDIMENTO INDIVIDUAL contra a Sociedade_____, Ld.ª, pessoa colectiva n.º _____, com sede na Rua _____, nos termos dos arts 34.º e segs. do Código de Processo do Trabalho e com os fundamentos seguintes:

1.º
O requerente foi admitido para trabalhar sob a autoridade e direcção da requerida, no dia 3 de Dezembro de 2006, na sede desta (doc. 1).

2.º
Sempre exerceu funções de técnico de informática.

3.º
O requerente tinha o seguinte horário de trabalho: de segunda a sexta-feira, das 9 às 13 e das 14 às 18 horas.

4.º
Ultimamente, auferia o vencimento mensal de € 1.500,00, acrescido de um subsídio de refeição por cada dia de trabalho prestado no valor de € 8,00 (doc. 2).

5.º
No dia 6 de Janeiro de 2010, o gerente da requerida comunicou oralmente a cessação imediata do contrato por alegada "quebra de confiança".

6.º

Alegadamente, o requerente ter-se-ia apropriado de ficheiros de clientes da requerida, tendo-os fornecido a uma empresa concorrente, o que é rotundamente falso.

7.º

Ocorre que a referida declaração de despedimento não foi precedida de qualquer procedimento disciplinar.

8.º

A cessação do contrato operada no dia 6 de Julho de 2009 configura um despedimento do requerente.

9.º

Contudo, este despedimento é, manifestamente, ilícito.

10.º

Efectivamente, a falta de prévia instauração do procedimento disciplinar determina a ilicitude do despedimento, nos termos do art. 382.º do Código do Trabalho.

11.º

Além disso, o fundamento verbalmente invocado é totalmente falso.

12.º

Consequentemente, precedendo a acção de impugnação de despedimento que irá instaurar, pretende o requerente que seja decretada a suspensão do despedimento, nos termos do art. 39.º, n.º 1, do Código Processo do Trabalho.

Nestes termos e nos mais de direito, requer a suspensão do seu despedimento, com as legais consequências.

Para tanto, requer a V. Exa. se digne designar dia para a audiência final, seguindo-se a ulterior tramitação prevista nos arts. 32.º e seguintes do C.P.T.

Valor: € … (… euros).
TESTEMUNHAS:
1.ª – (…)
2.ª – (…)
3.ª – (…)

Junta: 2 documentos, procuração forense e cópia do requerimento para concessão do apoio judiciário, na modalidade de dispensa de taxa de justiça e custas, que aguarda decisão da entidade competente.

O advogado,

3. Requerimento inicial de despedimento com fundamento na extinção do posto de trabalho

Exmo. Senhor
Dr. Juiz do Tribunal do Trabalho
de Lisboa

F_____, solteiro, de ___ anos, residente na Rua _____, contribuinte fiscal n.º _____, vem, nos termos dos arts. 434.º do Código do Trabalho e 32.º e seguintes do Código do Processo do Trabalho, requerer a providência cautelar de suspensão do despedimento por extinção de posto de trabalho, contra Sociedade_____, S.A. pessoa colectiva n.º _____ com sede na Av. D_____, com os fundamentos seguintes:

A – DO PROCEDIMENTO CAUTELAR

1.º

Considerando a nova redacção introduzida nos arts. 34.º e segs. do C.P.T. pelo Dec.-Lei n.º 295/09, de 13 de Outubro, está definitivamente clarificada a adequação do procedimento cautelar de suspensão de despedimento quando se trata de despedimento fundado na extinção do posto de trabalho.

A – DOS FACTOS

2.º

O requerente foi admitido para trabalhar sob a autoridade e direcção da requerida, no dia 22 de Setembro de 1997.

3.º

Ultimamente, exercia funções de técnico de instalação de caldeiras e esquentadores de gás.

4.º

Auferia a retribuição mensal de € 976,00 e um subsídio de refeição de € 12,65 por cada dia de trabalho prestado.

12.º

No dia 4 de Janeiro de 2010, o requerente foi surpreendido com a ordem para comparecer no dia seguinte, numa reunião com o Director do Departamento de Recursos Humanos da Requerida (doc. 1).

13.º

Nessa reunião, foi-lhe comunicado que a requerida pretendia cessar o seu contrato de trabalho, tendo sido fixado o dia 8 de Janeiro 2010, entre as 9.30 e as 10 horas, para a "entrega de material da empresa" e "assinatura de acordo e pagamentos finais" (doc. 2).

14.º

Mais lhe foi entregue a "proposta para mútuo acordo", de que junta cópia e dá por reproduzida (doc. 3).

15.º

Também, lhe foi dito que a referida proposta era inegociável, sendo válida, apenas, até 12 de Janeiro de 2010.

16.º

O requerente recusou-se a subscrever qualquer acordo de revogação do contrato de trabalho.

17.º

No dia 15 de Fevereiro de 2010, o requerente recebeu a carta da requerida datada de 14 de Fevereiro de 2010, que junta e dá por reproduzida, comunicando-lhe a intenção de "extinguir o posto de trabalho e "dispensando-a de comparecer nas instalações da empresa" (doc. 4).

18.º

Recebeu ainda a "Declaração para efeito de subsídio de desemprego", cuja cópia também junta e dá por reproduzida (doc. 5).

160 *Suspensão de Despedimento*

19.º

O requerente remeteu à requerida a carta de que junta cópia e dá por reproduzida, rejeitando a decisão da requerida (doc. 6).

20.º

A Comissão de Trabalhadores da requerida emitiu parecer contrário à pretensão da requerida, conforme cópia que junta e dá por reproduzida (doc. 7).

21.º

Por sua vez, a Inspecção Geral do Trabalho elaborou um relatório onde concluiu, depois de averiguações feitas, que a requerida tinha contratado recentemente para as mesmas funções de instalação de esquentadores a gás outros trabalhadores, com contratos a termo e que, além disso, de entre os trabalhadores que exerciam a mesma função, o requerente era o que tinha a maior antiguidade" (doc. 8).

22.º

Não existem razões sérias que fundamentem a insubsistência da relação laboral em apreço, já que a actividade da requerida se desenvolve fundamentalmente ao nível da venda e instalação de esquentadores e caldeiras a gás, tendo aumentado o volume de vendas e de serviços prestados no último ano.

23.º

Com efeito, o que a requerida pretende é substituir todos os trabalhadores efectivos por outros contratados a termo.

24.º

Foi assim que a requerida já conseguiu que outros dois trabalhadores que exerciam a mesma função assinassem declaração de revogação do contrato.

25.º

Ora, para além de não se verificar realmente a necessidade de extinção do posto de trabalho, o requerente é o trabalhador mais antigo em rela-

Formulários 161

ção aos que desempenham a função de instalação de caldeiras e esquentadores a gás.

D – QUANTO AO DIREITO

26.º
O despedimento é, manifestamente abusivo e ilegal, não sendo fundado em razões sérias que fundamentem a inexistência da relação laboral.

27.º
Como reconheceu a própria IGT, não se encontravam preenchidos os requisitos dos n.os 1 e 2 do art. 368.º do CT.

28.º
A requerida violou o art. 384.º, com referência ao art. 368.º do CT.

29.º
Pelas razões expostas, o despedimento da requerente enferma de patente ilicitude.

Nos termos e para efeitos do art. 34.º, n.º 4, do CPT, o requerente declara que pretende impugnar o despedimento de que foi alvo, com fundamento na sua ilicitude.

Nestes termos e nos mais de direito, requer a suspensão do despedimento por extinção do posto de trabalho, comunicado pela requerida, no dia 12 de Fevereiro de 2010, com as legais consequências.

Para tanto, requer a V. Exa. se digne designar dia para a audiência final, seguindo-se a ulterior tramitação prevista nos arts. 32.º e seguintes do CPT.

TESTEMUNHAS
1.ª _____,
2.ª _____,

Finalmente, requer a V. Exa. se digne admitir o seguinte meio de prova:

1 – o depoimento de parte do legal representante da requerida sobre os arts. 22.º a 25.º;

2 – requerer ainda a junção pela requerida dos seguintes documentos:
- processo individual do requerente;
- relação dos trabalhadores da requerida no dia 1 de Janeiro de 2010;
- relação dos trabalhadores cujos contratos de trabalho cessaram "por acordo", de 16 de Junho de 2009 até à presente data;
- relação dos trabalhadores contratados a termo, respectivas datas de admissão, categorias profissionais e conteúdos funcionais.

Valor: € ... (... Euros).

Junta: 8 documentos, procuração forense e comprovativo do pagamento da taxa de justiça inicial.

O advogado,

Formulários 163

4. Requerimento individual de procedimento cautelar de protecção da segurança, higiene e saúde no trabalho

Exmo. Senhor
Dr. Juiz do Tribunal do Trabalho
de Lisboa

O Sindicato _____, pessoa colectiva n.° _____, com sede na Rua _____, vem requerer o *procedimento cautelar de protecção da segurança, higiene e saúde no trabalho*, contra Sociedade _____Ld.ª, pessoa colectiva n.° _____, com sede na Rua _____, nos termos dos arts. 44.° a 46.° do Código de Processo do Trabalho, com os fundamentos seguintes:

1.°
No dia 29-11-2009, pelas 12,45 horas, ocorreu um acidente laboral na oficina de metalo-mecânica da requerida sita no Largo _____, no Barreiro, de que resultou grave lesão na mão esquerda do trabalhador_____ (docs. 1 e 2).

2.°
O acidente foi causado pela queda de uma placa metálica do tecto falso junto à máquina fresadora onde exercem funções mais seis trabalhadores da requerida (doc. 3).

3.°
O trabalhador sinistrado continua incapacitado para o trabalho (doc. 4).

4.°
O ora requerente reclamou, em vão, a reparação urgente do tecto para garantir a integridade física dos trabalhadores que representa (doc. 5). Efectivamente,

5.º

Estes têm receio da repetição de idênticos acidentes, por nada ter sido feito para os prevenir.

6.º

É que, na verdade, existe um perigo sério e eminente para a segurança dos trabalhadores.

7.º

Encontram-se, assim, preenchidos os requisitos previstos no art. 44.º do C.P.T. para o decretamento da requerida providência, sem prejuízo da responsabilidade civil, criminal e contra-ordenacional.

Pelo exposto, requer a V. Exa. se digne ordenar a interdição da oficina, na zona onde ocorreu o acidente, e a notificação da requerida para realizar as obras necessárias para afastar o perigo para a integridade física dos seus trabalhadores, nos termos dos arts. 44.º a 46.º do C.P.T.

Para assegurar o cumprimento da providência cautelar, requer ainda a condenação da requerida no pagamento da quantia diária de € 200,00 a título de sanção pecuniária compulsória.

TESTEMUNHAS
1.ª (...)
2.ª (...)

Junta: 4 documentos, procuração forense e comprovativo do pagamento da taxa de justiça.

O advogado,

PORTARIA N.º 1460-C/2009,
de 31 de Dezembro

**Aprova o modelo do formulário para a acção de impugnação
judicial da regularidade e licitude do despedimento**

O Decreto-Lei n.º 295/2009, de 13 de Outubro, que altera o Código de Processo do Trabalho, criou no direito adjectivo uma acção declarativa de condenação com processo especial, de natureza urgente, para impugnação judicial da regularidade e licitude do despedimento, a qual se inicia mediante a apresentação pelo trabalhador de requerimento em formulário próprio, junto da secretaria do tribunal competente. O projecto correspondente ao presente diploma foi publicado, para apreciação pública, nos termos do disposto no artigo 470.º, na alínea *b*) do n.º 1 e no n.º 2 do artigo 472.º e no n.º 2 do artigo 473.º do Código do Trabalho, na separata do Boletim do Trabalho e Emprego, n.º 7, de 7 de Dezembro de 2009.

Assim:

Ao abrigo do disposto no n.º 2 do artigo 98.º-D do Código de Processo do Trabalho, na redacção introduzida pelo Decreto-Lei n.º 295//2009, de 13 de Outubro, manda o Governo, pelos Ministros da Justiça e do Trabalho e da Solidariedade Social, o seguinte:

ARTIGO ÚNICO

É aprovado o modelo do formulário para a acção de impugnação judicial da regularidade e licitude do despedimento, em anexo à presente portaria e que dela faz parte integrante.

Em 30 de Dezembro de 2009.

O Ministro da Justiça, *Alberto de Sousa Martins*. – A Ministra do Trabalho e da Solidariedade Social, *Maria Helena dos Santos André*.

MINISTÉRIOS DA JUSTIÇA E DO TRABALHO E DA SOLIDARIEDADE SOCIAL
Ministérios da [*Justiça*] e [*do Trabalho e da Solidariedade Social*]

Formulário

(artigos 98.º-C e 98.º-D do Decreto-Lei n.º 295/2009, de 13 de Outubro)

Nome _____

Morada _____ CP _____-____

B. I./Cartão do Cidadão _____ Emitido em: _____ Por: _____

NIF: _____

Função/Categoria _____ Data do Despedimento _____

OPÕE-SE AO DESPEDIMENTO PROMOVIDO POR:

Firma/Nome _____

Sede/Morada _____ CP _____-____

NIPC/NIF _____

PELO QUE REQUER A V/EXA. SEJA DECLARADA A ILICITUDE OU A IRREGULARIDADE DO MESMO, COM AS LEGAIS CONSEQUÊNCIAS.

Local e Data _____ Assinatura _____

Junta: Decisão de despedimento

Nota: Todos os campos do formulário são de preenchimento obrigatório

ÍNDICE

III – Suspensão de despedimento 11
    Art. 34.º – *Requerimento* 11
    Art. 35.º – *Meios de prova* 43
    Art. 36.º – *Audiência final* 45
    Art. 37.º – *Falta de comparência das partes* 47
    Art. 38.º – *Falta de apresentação do processo disciplinar* 49
    Art. 39.º – *Decisão final* 55
    Art. 40.º – *Recurso* 69
    Art. 40.º-A – *Caducidade da providência* 73
    Jurisprudência temática 75

III – Providência de protecção da segurança, higiene e saúde no trabalho 101
    Art. 44.º – *Âmbito e legitimidade* 101
    Art. 45.º – *Exame* 101
    Art. 46.º – *Deferimento das providências* 102

III – Procedimento cautelar comum 105
    Art. 32.º – *Procedimento* 105
    Art. 33.º – *Aplicação subsidiária* 106
    Jurisprudência temática 129

IV – Providências cautelares específicas do processo comum aplicáveis
    no foro laboral 135
    Art. 47.º – *Regime especial* 135
    Arresto 136
    Arrolamento 139
    Arbitramento de reparação provisória 140
    Jurisprudência temática 145

Formulários 149

Portaria n.º 1460-C/2009, de 31 de Dezembro 165

Índice 167